발레 너머 예술

발레 너머 예술

노영재 지음

펴낸날 2024년 12월 26일 초판1쇄
펴낸이 김남호 | 펴낸곳 현북스
출판등록일 2010년 11월 11일 | 제313-2010-333호
주소 07207 시울시 영등포구 양평로 157, 투웨니퍼스트밸리 801호
전화 02) 3141-7277 | 팩스 02) 3141-/278
홈페이지 http://www.hyunbooks.co.kr | 인스타그램 hyunbooks
ISBN 979-11-5741-429-1 93680

편집장 전은남 | 편집 강지예 | 디자인 김영미 | 마케팅 송유근 함지숙

본 사업은 2024년 부산광역시, 부산문화재단 〈부산문화예술지원사업〉으로 지원을 받았습니다.

부산광역시 BUSAN METROPOLITAN CITY   부산문화재단 BUSAN CULTURAL FOUNDATION

발레 너머 예술 : 발레, 예술, 문화를 향한 비평적 시선

노영재 지음

차례

춤에 관해 연구하고 글을 쓰면서 유독 발레에 대한 애착이 컸다.

엄격하고 체계적인 교수법 때문일까. "발레하는 사람은 발레밖에 몰라"라는 얘기를 수없이 들었던 것 같다. 발레 전공자들은 발레 공연만 좋아하고 창의적이고 실험적인 춤 작업에는 관심이 없는, 편협한 시각을 지녔으리라는 심증을 에둘러 말하는 것 같았다. 젊은 시절엔 그 말에 담긴 편견을 깨고 싶은 마음이 무척이나 컸다. 더 많은 춤을 경험하고 싶었고 더 다양한 춤을 공부하고 싶었다.

부산에서 서울, 그리고 미국까지 긴 시간 배움을 위해 '여행'하다 잠시 멈추어 보니 어느새인가 다시 발레로 돌아와 있는 나를 발견한다. 지금의 발레는 십 대 때의 발레와는 좀 다르다. 아름답기만 했던 발레 예술이 아닌 비판적 시각에서 너무도 다양하게 바라볼 수 있는 발레, 그리고 삶이 새겨진 문화로서의 발레가 와닿았다. 규칙과 경계를 무너뜨리는 동시대 춤은 지향점이 발레와는 판이하다. 그러나 그 경계에 대한 비판적 인식에는 발레가 있었다. 무용사 속 새로운 혁신과 동시대 춤 스타일의 근원에도 발레에 대한 저항과 숙고가 있었다. 그리고 21세기형 스펙터클로 재조명되는 K-컬처 시대의 발레도 있다.

발레란 무엇일까? 서양 춤의 예술적 근원, 무용문화연구 속 정치적·심리적 기제, 예술춤과 대중춤을 아우르는 동시대 춤 미학의 근원에도 발레의 속성이 뿌리 깊게 있었다. 그래서일까. 때론 발레만 보기에도 부족한 시간이란 생각이 든다. 춤 연구자이자 비평가로서 발레는 사유의 기초이자 활력이었다. 이 책 또한 그러하다.

책에는 발레, 예술, 문화에 대한 비평적 단상을 담았다.

클래식 발레는 더 이상 유럽의 전유물이 아니다. 시대, 지역, 나이를 넘어 우리 대중에게도 다양한 모습으로 가까이에 다가와 있다. 그중 특히 클래식 발레의 대중화에 크게 이바지한 공연 형식인 '해설이 있는 발레'는 발레 지식 함양 및 올바른 관람 예절의 확산에 주안점을 두었다. 관객은 해설을 통해 작품의 극적 구조와 하이라이트를 쉽게 파악하고, 공연 흐름에 따라 자연스레 호응하는 법을 배우며 실시간 무대 위 춤과 교감하는 즐거움을 만끽할 수 있었다. 부산의 발레 공연에서도 해설은 자주 등장하지만, 해설자의 관점에서 나는 '아는 만큼 보인다'라는 말이 지닌 양면을 생각해 보곤 했다. 쉬운 해설이 감상에 도움이 될 수도 있지만 자칫 편견을 심어 줄 수도 있다. 비록 의도친 않아도 알지 못하면 볼 수 없다는 권위가 은연중 실려, 관객의 '보는 자유'를 침해하진 않을까 고민하기도 한다.

공연 해설은 그만큼 짧고 제약도 크다. 발레는 화려한 무대 위에서도, 무대가 아닌 일상에서도 다양한 삶의 이야기를 품고 있다. 이 책에는 관객에 대한 배려나 교육 차원의 해설이 아니라, 종합예술로서의 발레가 지닌 역사성과 화려한 발레 테크닉 너머 예술적 다채로움을 좀 더 풍부하게 담고 싶었다. 재미있는 작품 해설보다는 일상의 문화와 그 이면의 비판적 시각도 넣었다.

부산의 문화를 애정 어린 눈으로 본다.

'부산은 구도'라는 말을 처음 들었을 땐 무슨 의미인지 전혀 감을 잡지 못했다. 구도(球都)란 '야구의 수도'라는 말이었다. 지역의 유난한 야구 사랑을 의미하기도 하지만 동시에 문화생활의 단조로움을 드러내는 말이기도 했다. 구도에 더해 요즘은 '노인과 바다'라는 말로 현 부산의 지역 정체성을 표현하기도 한다. '지역 소멸'이라는 극단적 표현이 보편화되는 가운데 공연예술계의 고민도 깊어 간다. 그중 반가운 소식이 클래식 공연의 활성화이다. 척박한 부산의 문화 환경에서 새로운 활로를 그려 보게 한다.

몇 년 전 기억을 잠시 떠올려 본다. 2019년 부산에서 처음 공연된 매튜 본의 〈백조의 호수〉가 보여 준 높은 객석 점유율은 무척 인상적이었다. 현장에서 목격한 바로는 극장을 채운 관객은 일반인의 비중이 압도적이었기에 발레인으로서 뿌듯하면서도 한편으론 '16년 내한 역사상 최초의 지역 공연'이란 부정할 수 없는 사실이 수도권에 집중된 한국 공연계의 현실을 반영하는 듯하여 씁쓸한 마음이 들기도 했다.

이제 부산도 오페라하우스와 콘서트홀 등 새로운 클래식 전문 공연장의 개관을 앞두고 있다. 이를 위해 부산시는 '클래식부산'이라는 산하 조직을 발족하고, 새로운 극장들의 개관에 앞서 발레와 오페라 시즌을 기획하고 있다. 공연이 늘어 가는 만큼 비평가로서의 고민과 책무도 커져만 간다. 쉬운 공연보다는 양질의 공연을 통해 더 많은 사람이 발레와 폭넓게 교감하고, 클래식 예술의 묘미와 깊이가 일상의 사유에 한층 녹아들기를 바란다. '대중의 발레화'를 꿈꾸면서 《발레 너머 예술》의 막을 올린다.

프롤로그를 닫으며 고마운 분들을 떠올린다. 김복선 교수님, 김태원 교수님, 김말복 교수님, 그리고 미국 Susan L. Foster 교수님까지 나의 발레 연구와 글쓰기에 도화선이 되고 꺼지지 않는 열정을 불어넣어 주신 분들과의 시간이 그립기만 하다. 그리고 이 책을 위해 우리 발레의 자긍심이 담긴 훌륭한 사진을 기꺼이 제공해 주신 (재)국립발레단, 유니버설발레단 관계자분들, 부산발레시어터 정성복 단장님께 감사드린다. 발레 글쓰기에 동기를 부여한 《예술부산》 정지영 편집장님, 한 권의 책으로 아름답게 엮어 주신 현북스 김남호 대표님과 편집팀에도 감사드린다.

끝으로 바쁜 나의 하루하루를 늘 걱정하시는 부모님과 평범한 일상을 역동적으로 안무하는 파트너에게 고마움을 전한다.

2024년 12월
노영재

Beyond Ballet

I.

발레 : 그 소소한 기억과 역사

나의 발레를 기억하며

경험에 묻은 발레의 근현대사로 이야기를 열어 본다. 부산서 나고 자란 나의 어린 시절, 아주 오래전 기억이다. 그 시절 발레를 배우려면 학원에 다녀야 했는데 주위를 둘러봐도 발레 전문 학원을 찾기 힘들었다. 대부분의 무용학원이 한국무용을 가르치는 곳이었고, 당시에는 한국무용이란 용어보다 고전무용, 전통무용, 민속무용이란 이름으로 수업을 운영하는 곳이 훨씬 더 많았다.

수십 년 전 이야기지만 신기하게도 그땐 지금보다 무용학원이 많았던 것 같다. 이 동네 저 동네 둘러보면 여기저기에 무용학원이 하나씩은 있었다. 그 모습은 이랬다. 대개 유리창에 '고전무용, 발레, 현대무용'이라는 글귀가 쓰인 시트지가 붙어 있다. 따라서 그곳에 가면 발레를 포함한 세 가지 형식의 무용을 함께 배울 수 있다고 여겨졌다. 그러나 내부 실정은 현실적으로 좀 더 들여다봐야 했다. 이른바 '원장님'의 전공에 따라 각 무용 수업의 시간적 배분은 현격히 차이가 있을 수밖에 없었기 때문이다. 한국무용을 주력으로 하는 학원에서 발레는 일주일에 한 번 정도 경험해 볼 수 있는 '부전공'으로, 혹은 외부 강사의 특강 형식으로 이루어졌기에 자주 만나기 어려운 수업이었다.

어느 정도 시간이 지나고 보니, 부산에서 발레를 전공한 선생님이 발레 입시를 전문으로 하는 곳은 서너 곳 정도에 불과하다는 것을 깨달았다. 당연한 일이었다. 그도 그럴 것이 부산은 이제 막 대학에 무용학과가 개설되며 독립적인 교육이 이루어지던 시기였고, 대학을 동하지 않은 도제식 전승으로 한국무용의 맥을 이어 가는 예인들이 절대다수였기 때문이다. "전라도는 소리고, 경상도는 춤이여!"라든가 '발레'보다는 '바-레이'로 호명하는 원로 선생님들이 지역 무용계의 버팀목이던 시절이기도 했다.

나의 경험에 담긴 발레학원은 국립발레단 출신 혹은 서울 대학에서 발레를 배운 소수의 선생님이 운영하는 곳이었다. 빛바랜 발레 사진, 출처가 불분명한 낡은 비디오테이프, 발행된 지 한참 지난 영문 잡지 등을 통해 마고트 폰테인, 루돌프 누레예프, 마야 플리세츠카야 등의 발레를 보았다. 언론사 주최의 해외 발레단 내한 공연 소식이 아주 가끔 보도되기도 했지만, 공연장은 중학생이 혼자 가기 힘든 먼 곳에 있었다. 그러다 1988년 서울 올림픽과 몇 년 후 시행된 해외여행 자율화가 발레의 안목을 넓히는 데 알게 모르게 도움이 되었다.

시기상으로는 2000년대로 접어들면서인 것 같다. 이제 발레는 어느덧 그 옛날 배우기 힘들었던 예술은 아니다. 동네에서 심심찮게 발레 학원을 볼 수 있고 방과 후 활동, 공공 및 사설 문화센터 등에서도 비전공자를 위한 발레 강좌를 쉽게 만날 수 있다. 발레와 관련된 수업의 명칭도 다양하다. 유아발레, 영어발레, 취미발레, 성인발레, 발레 핏(fitness), 발레 필라테스, 발레 스트레칭 등 대상이 다양하고 목적이 혼재한 강좌들이 여기저기 참으로 많다.

각각의 발레 강좌가 지닌 특징이나 역할은 조금씩 다르나 여기서 한 가지 분명한 것은 발레에 대한 일반인들의 진입장벽이 확연히 낮아졌다는 점이다. 학교 입시 위주의 교육에서 남녀노소 누구나 경험할 수 있는 모두를 위한 발레로 재편되고 있는 것이다.

발레의 기원과 시대별 구분

발레의 묘미는 지역을 초월하는 데 있다. 발레에 관해 알아 가고 그 역사를 추적하다 보면 부산에서 파리로, 미국에서 러시아로 도시와 대륙을 넘나들며 발레의 흔적을 찾을 수 있고 역사, 문화, 사회의 변천과도 전방위적으로 연결된다.

"발레는 어디에서 왔나요?"

필자가 학교에서, 강연에서, 해설이 있는 무대에서 수없이 많이 받아 본 질문으로 시작해 보자. 발레를 서양의 고전 춤으로 인식하곤 있지만 그 구체적인 기원과 배경에 대한 궁금함이 이 질문에 묻어 있다.

종종 발레는 이탈리아에서 시작되었다는 기록이 있고 프랑스가 원조라는 말도 있다. 간략한 칼럼에서는 한두 문장의 언급으로 지나칠 수도 있지만, 사실 아주 명쾌하고 간략하게 쓸 수 있는 얘기는 아니다. 어느 쪽도 틀린 말은 아니고, 또 어느 쪽이라 하든 그 문장에는 발레를 둘러싼 방대한 역사적 배경을 생략하고 있기 때문이다.

발레(ballet)라는 용어는 이탈리아어 '발라레(ballare)'에서 유래되었다. 이는 오늘날의 특정 예술춤 장르로서의 발레가 아니라 그저 '춤을 추다(dance)'라는 동사로 널리 사용되는 용어였다. 춤을 의미하는 이 용어는 15세기 르네상스 시대 이탈리아 궁정 연회의 춤을 모태로 한다. 당시의 춤은 귀족을 위한 호화로운 축하 사교 행사, 특히 결혼식 축하연에 등장하는 형태로 장관을 연출했으며 춤의 대가로부터 스텝과 예절을 배운 귀족들이 직접 참여하는 화려한 궁정 예술 중 하나였다.

그렇다면 이탈리아 궁정의 춤은 어떻게 오늘날과 같은 발레가 되었을까? 이 질문에 답하려면 르네상스 시대 이탈리아의 막강한 예술 후원자, 메디치 가문에 대해서 짚어 봐야 한다. 13세기부터 17세기까지 피렌체를 거점으로 르네상스 인문과 예술의 부흥을 이끈 메디치 가문은 두 명의 교황과 두 명의 프랑스 왕비를 배출하는 등 정치와 종교에도 강력한 영향력을 미쳤다.

종교 및 정치권력의 결탁은 아이러니하게도 발레사에 큰 의미를 남겼는데, 그 중심에는 메디치 가문 출신으로 첫 번째 프랑스 왕비가 된 카트린 드 메디치(Catherine de' Medici, 1519~1589)가 있다. 정략결혼과 섭

정의 대명사로 세계사에 기록된 카트린의 생애는 한편으론 음식, 향수, 패션, 에티켓 등 '세련된' 이탈리아 문화를 이식함으로써 중세에 머물러 있던 프랑스 문화를 꽃피우는 데 기여했다는 양극적인 평가가 존재한다.

16세기 프랑스 앙리 2세와 정략결혼을 한 메디치가의 어린 신부 카트린 드 메디치는 향수를 달래기 위해 이탈리아의 인력과 자산을 들여와 프랑스에 이탈리아 궁정 무용을 소개하고, 실제 궁정 연회의 작품 제작에도 적극 참여했다. 이때 비로소 '발레(ballet)'라는 용어가 통용되었으며, 프랑스 궁정에서 춤은 왕실의 전폭적인 지원을 받으며 발전하게 되었다. 오늘날의 전문 발레 용어가 모두 프랑스어인 것도 바로 이러한 배경 덕분이다.

그러나 프랑스 궁정에서 꽃피운 발레 역시 오늘날과 같은 독립 예술로서의 발레가 아닌, 연극 및 오페라에 삽입된 형태로 출발했다. 이후 발레는 왕실의 후원을 받으며 교육과 공연 전반에 걸쳐 점차 독립적인 예술 장르로 격상되었고, 춤을 추는 주체 역시 귀족에서 전문 무용수로 전환되며 오늘날의 형태에 가까워졌다.

카트린 드 메디치

최초의 궁정 발레 〈Ballet Comique de la Reine〉(1581)

발레의 어원과 시초는 이탈리아 궁정 예술에 있지만 발레 기원의 역사에서 그 비중은 그리 크지 않다. 우리가 떠올리는 지금의 발레로 진화하기까지는 수 세기에 걸쳐 공을 들인 프랑스의 역할이 가장 컸으며, 프랑스는 오늘날 발레의 기틀을 마련한 원조라고 해도 무방하다.

"발레 작품은 시대별로 어떻게 나누나요?"

클래식 발레 작품명 앞에는 흔히 '낭만주의'나 '고전주의'와 같은 수식어가 붙기 마련이다. 예를 들면 '낭만주의 발레의 걸작, 〈지젤〉'이라든가 '고전주의 발레의 대표작, 〈백조의 호수〉'처럼 유명한 작품에는 시대별 구분이 따르곤 한다.

경험상 무대 위에서의 해설은 공연이 주가 되는 구조이고 한정된 시간 관계상 간략한 작품 소개에 그치는 경우가 많기에, 공연장에서나 사적인 자리에서 사람들이 수식어처럼 붙은 시대의 의미에 호기심을 보이거나 더 많은 작품을 궁금해하는 경우를 종종 접한다. 이러한 시대별 구분은 음악이나 미술처럼 예술 사조의 특성에 따라 발레 양식을 분류한 것으로, 안무와 작품의 미학적 특징을 파악하고 감상을 풍요롭게 해 줄 수 있는 일종의 지침이 된다.

예술의 시대를 파고들자면 한없이 심오하지만, 일단 발레의 사조 구분은 그리 복잡하지 않다. 클래식 발레는 크게 낭만주의, 고전주의, 신고전주의 정도로 나뉘는 것이 일반적이다. 시기별로 보자면 19세기에는 낭만주의와 고전주의, 그리고 20세기 현대에는 신고전주의 발레가 탄생했다. 지역별로는 프랑스, 러시아, 미국으로 옮겨 간다. 물론 현대 발레의 탄생 배경에는 20세기 초 러시아 예술가들의 빛나는 활동을 '결코' 간과할 수 없는데 현대 러시아 예술가들의 노력과 열정은 다른 장에서 살펴볼 것이다.

　　여기서 한 가지 덧붙이자면, 발레의 사조별 시기는 타 예술 장르의 동일한 사조와 그 시기가 모두 일치하진 않는다. 가령 발레의 신고전주의는 20세기 현대발레의 한 흐름인 반면, 미술과 문학에서 신고전주의는 18세기에 나타난다. 그러나 발레와 미술, 문학에 담긴 신고전주의의 이상과 원리는 유사하다. 이는 예술 사조의 공통된 특성에 근거하여 발레 사조를 구분한 것이기에 시기상으로 다를 수 있다는 점을 알아두면 발레의 시대적 흐름과 특성을 이해하는 데 도움이 된다.

19세기 낭만주의 발레 〈Pas de Quatre〉(1845)

무대와 객석을 이어 주는 발레 해설과 비평

"매월 마지막 금요일, 발레를 보는 눈이 달라집니다!" 이는 1997년 국립발레단이 〈해설이 있는 발레〉를 처음 무대에 올리며 관객에게 건넨 말이다.

국립극장 소극장(달오름극장)에서 시작된 〈해설이 있는 발레〉는 발레와 해설을 결합한 국내 최초의 시도였다. 당시 높았던 대중의 발레 진입장벽을 낮추기 위해 국립발레단은 매월 마지막 금요일에 발레의 기초 지식을 곁들인 발레 공연을 기획했던 것이다. 공연은 낭만발레, 고전발레, 모던발레, 캐릭터 댄스, 남성 발레 등 역사와 다채로운 춤 스타일을 주제로 구성되었으며, 평론가 및 대학교수의 해설과 발레 단원들의 시연을 통해 객석과 무대의 거리를 좁혔다.

국립발레단이 발레의 대중화를 위해 내디뎠던 도전은 폭발적인 호응을 얻었다. 기록에 의하면, 1회 평균 객석 점유율은 무려 219%로 454석의 객석에 996명이 찾아와 로비에 간이의자를 놓고 모니터로 공연을 관람할 정도로 믿기 어려운 흥행을 보여 주었다고 한다.[1]

발레의 대중화는 〈해설이 있는 발레〉 이전과 이후로 나뉜다고 할 정도로 이 공연에는 중요한 사회적 의미가 부여되었으며, 20여 년이 지난 지금은 국내에서 흔히 볼 수 있는 공연 형식이 되었다. 그 시작은 우리나라 대표 국립단체의 소규모 정례 공연이었지만 이제는 국공립 및 민간 발레 단체까지 많은 발레단이 다양한 작품으로 해설을 곁들인 공연을 진행하고 있다.

그러나 해설 발레가 보편화되고 실생활에서 발레 진입장벽이 많이 낮아졌다고는 해도 지역에선 클래식 전막 공연에 대한 대중의 심리적 장벽이 여전히 존재하는 것 같다. 호흡이 긴 공연을 온전히 이해하기가 어렵기도 하지만, 또 한편으론 이미 다양한 매체를 통해 길러진 대중의 높은 미적 취향을 충족하지 못하는 경우도 발생한다. 두 시간 정도의 전막 공연을 무대에 올리며 상시 운영할 예술적·경제적 능력을 갖춘 발레단은 국내에 극소수이며, 따라서 일반 관객이 완성도 높은 공연을 실제로 경험할 관람의 기회 또한 매우 제한적이다.

---

1) 〈해설이 있는 금요발레〉의 초기 자료는 현재 국립극장 내 공연예술박물관에서 열람할 수 있다.

오늘날 실용예술의 대척점인 순수예술, 엘리트예술이라는 용어로 발레를 '계급적'으로 정의해 왔지만 클래식 발레가 실용적이지 않다고 단언하는 데에는 선뜻 동의하기 어렵다. 유용하지 못하다면 오래전 흔적만 남고 일찌감치 소멸했어야 하는 것 아닐까? 단지 춤만이 아니라 타예술이 함께 어우러진 종합예술인 클래식 발레는 시대적 산물이기도 하지만, 그 속에는 시대를 관통하는 보편적인 정서가 존재한다. 안무와 협업하는 과정에서 이룬 미학적 성취 역시 인간 마음과 삶의 양식을 이해하는 맥락으로 확장될 수 있다.

따라서 이어지는 장에서는 공연장의 작품 해설보다는 그 범위를 넓혀 클래식 발레 속 다양한 예술에 관해 얘기하고자 한다. 기존 발레사의 흐름을 따라가기보다는 역사 속 특정 시간과 공간에 잠시 머물며 '발레 속 예술', 그리고 '발레 그 너머의 예술'을 통해 종합예술로서의 발레를 조명한다. 잘 알려지지는 않았지만 알고 보면 친숙한 이야기를 통해, 언제 어디서든 즐기고 사유할 수 있는 발레를 만나는 시간이 되길 바라는 마음이다.

해설이 있는 전막 발레 〈백조의 호수〉ⓒ부산발레시어터

Beyond Ballet

Ⅱ.
발레 :: 음악을 보다

"클래식으로 춤을 춥니다"

　언젠가 비전공자를 대상으로 하는 발레 클래스를 꽤 오랜 기간 꾸준히 수강해 온 분에게 발레를 배우는 이유가 무엇인지 물어본 적이 있다. 그분의 대답은 이랬다. "클래식에 맞춰 춤추는 게 너무 좋아요. 제가 클래식 음악에 맞춰 이렇게 다양한 춤을 출 수 있을 거라곤 생각지도 못했거든요." 보통은 단순히 발레가 예뻐서라든가, 다이어트에 도움이 된다든가, 혹은 어릴 적 꿈이었다는 대답을 많이 들어 왔기에 음악과 관련된 답은 신선했다.

　흔히들 "클래식은 어려워요"라고 하지만, 바로크 시대의 궁정 발레나 18세기 오페라-발레 등 발레의 태생적 모습에서도 짐작할 수 있는 것처럼 클래식 발레와 음악은 늘 함께였다. 클래식 FM 애청자들에게 '발레 음악'으로서 차이콥스키의 〈꽃의 왈츠〉, 〈현을 위한 세레나데〉가 너무도 친숙하듯이 말이다.

　발레는 클래식 음악과 긴밀한 관계를 맺고 있지만, 화려한 클래식 음악이 발레의 탄생부터 함께했던 것은 아니다. 발레의 초기 형태인 프랑스 궁정 발레에는 오늘날의 발레리나와 같은 전문 무용수들이 존재하지 않았고 고귀한 귀족들이 직접 주도하며 춤을 추는 형식이었다. 즉, 귀족들은 자신의 지위와 명예를 드러내며 '아마추어' 무용수로서 춤을 즐겼다.

발레 무용수의 전문화는 루이 14세의 통치 기간에 이루어졌다. 루이 14세는 왕립 무용 아카데미를 설립하여 춤의 표준을 정하고 무용 교사를 인증했다. 당시에는 춤이 음악과 함께 존재해도 음악보다는 춤에 중심을 두는 식으로 일종의 서열이 있었다. 즉, 발레사에서 이 시기 발레 음악은 왈츠, 미뉴에트 등 귀족들의 사교춤인 볼룸댄스 음악을 편집해 사용한 것이거나 모음곡 수준으로 부차적이었다.

이러한 연유로 음악 분야에서 춤을 바라보는 시각은 상반되었다. 음악의 세계에서 교향곡을 만드는 작곡가는 '진지한' 작곡가들이었고, 발레 음악에 관여하는 작곡가는 동료 작곡가들보다 덜 중요하거나 예술성이 떨어지는 것으로 여겨졌다. 춤을 추기 위해 춤추기 적당한 곡으로만 엮었다는 점에서 음악가들의 이런 반응은 어찌 보면 당연했다.

발레 음악이 클래식 음악으로 지위가 '격상'된 것은 19세기 후반에 이르러서였다. 19세기는 프랑스와 러시아를 중심으로 발레에서 낭만주의와 고전주의가 공존하던 시기로 이때 전문 무용수를 통해 발레가 예술적으로 급격히 발전했다. 18세기까지는 궁정의 귀족이나 전문 무용수가 힐이 있는 구두로 춤을 추었다면, 19세기 들어서는 점차 굽이 사라지고 부드러운 재질의 발레 슬리퍼가 등장하면서 발레 동작이 한층 부드럽고 역동적이고 새로워졌으며, 음악 역시 서정적이고 극적 표현력이 풍부한 곡이 많이 등장했다.

그러나 낭만주의 시대 발레 작곡가들은 여전히 동료 음악가들 사이에서 지지받지 못하는 실정이었다. 이후 19세기 후반 러시아에서 번성기를 맞이한 고전주의 발레 시대에 이르러서야 발레 음악은 그 자체로서 춤과 동등하게 클래식 반열에 올랐으며, 그 선두에는 러시아의 국민 작곡가라 칭송받는 차이콥스키가 있었다.

클래식 발레의 대명사이자 오늘날 가장 사랑받는 발레로 알려진 〈백조의 호수〉는 차이콥스키가 작곡한 동명의 곡에 맞춰 진행된다. 발레 음악에 역사적 의미를 남긴 차이콥스키의 〈백조의 호수〉는 교향곡으로 작곡된 최초의 발레 음악으로, 이로써 발레 음악이 더 이상 안무가에게 종속된 반주 음악이 아닌 발레에 동등하게 협력하는 종합예술의 하나로 그 지위를 획득하게 된 것이다. 다시 말해 발레 음악은 그저 춤 추기 쉬운 음악이 아니라 그 자체로 공연의 일부가 되어 음악적 예술성을 지니게 되었다. 그 이후부터 발레 음악의 작곡은 훨씬 복잡하고 정교해졌으며 발레 음악을 폄하했던 일류 작곡가들도 참여하게 됨으로써 획기적으로 발전하기 시작했다.

차이콥스키는 러시아 발레를 이끌고 있던 프랑스 출신의 안무가 마리우스 프티파(Marius Petipa)와의 협업을 통해 〈백조의 호수〉, 〈잠자는 숲속의 미녀〉, 〈호두까기인형〉과 같은 기념비적인 발레 작품을 선보였다. 이 작품들은 러시아 고전주의 발레의 대표작인 동시에 차이콥스키의 3대 발레 음악으로도 음악사에 남았다. '발레 음악은 클래식'이라는 공식에서 차이콥스키의 공헌을 결코 간과할 수 없다.

"음악을 보고, 춤을 들어라"

"음악을 보고, 춤을 들어라(See the music, hear the dance)"라는 말이 있다. 발레를 감상하는 객석에서는 음악에 맞춰 추는 춤을 보는 것이 왠지 더 자연스러울 것 같은데, 알 듯 말 듯 한 모호함이 느껴진다. 이는 신고전주의 발레의 창시자이자 미국 발레의 아버지인 조지 발란신(George Balanchine, 1904~1983)이 남긴 유명한 말이다.

러시아 상트페테르부르크 태생인 발란신(러시아명: Georgi Melitonovitch Balanchivadze)은 상트페테르부르크 황실 발레학교를 졸업한 후 마린스키발레단에 있으면서 표트르그라드 음악원에서 정식으로 피아노와 작곡 이론 등을 공부한 이력을 지니고 있다. 그가 발레뿐만 아니라 음악에도 조예가 깊었던 것은 바로 오페라 가수이자 작곡가인 아버지와 예술을 사랑한 어머니의 영향이 컸다. 조지아 출신인 아버지 멜리톤 바란치바체는 러시아의 유명 작곡가인 림스키코르사코프[2]의 제자였고, 어머니 마리아 바실리에바는 당시 상트페테르부르크에서 높은 사회적 지위를 반영하던 발레를 좋아하여 발란신을 자주 공연에

데려갔다고 선해신다.

'보는 음악'이라고 표현되는 발란신의 발레는 낭만주의와 고전주의 발레의 시대가 지난 후 20세기에 새롭게 등장한 신고전주의 발레이다. 낭만주의와 고전주의 발레를 잠시 되돌아보면, 낭만주의 발레는 18세기 후반부터 이어진 낭만주의 예술 운동에 영향을 받은 발레의 경향을 일컫는다. 낭만주의는 당시 계몽주의와 산업혁명으로 두드러진 이성적 가치에 반발하여 주관성, 상상력, 자연에 대한 관조 등 감정적인 것들을 강조했다.

19세기 초 프랑스와 서유럽을 중심으로 발전한 낭만주의 시대는 발레에선 발끝으로 춤을 추는 기교가 탄생한 시기이기도 하다. 외형적으론 긴 스커트 의상을 입은 가녀린 여성 무용수가 등장하여 〈지젤〉처럼

2) 니콜라이 림스키코르사코프(Nikolai Rimsky-Korsakov, 1844~1908)는 러시아 고유의 음악을 발전시킨 국민악파의 대표 작곡가로 상트페테르부르크 음악원의 교수로 재직했다. 그는 발레와도 인연이 깊다. 천일야화를 소재로 한 림스키코르사코프의 관현악곡 〈세헤라자데〉는 20세기 초 러시아 발레단인 '발레 뤼스'에 의해 발레로 제작되었다. 아라비아 왕궁을 배경으로 한 이국적인 무대 장치와 술탄(이슬람 국가의 군주), 흑인 노예 등이 등장하는 이 발레는 제정 러시아가 추구한 '동양에 대한 관심', 즉 오리엔탈리즘적 요소가 짙은 작품이다. 1910년 파리에서 초연한 이후 1929년까지 오리지널 출연진을 유지해 500회 이상 공연될 정도로 큰 인기를 얻었으며, 발레의 성공으로 유럽에서 러시아 민족 음악의 명성이 한층 더 높아졌다.

조지 발란신 ©NYPL

애절하고 아름다운 이야기로 연기를 펼치는, 그야말로 몽환적인 분위기의 작품이 대세를 이룬다. 당시 낭만주의자들이 꿈꿨던 '자연으로의 회귀', '현실 도피'와 같은 이상은 발레 작품의 주제에도 스며들었던 것이다.

19세기 중반 이후, 파리의 발레는 점차 쇠퇴의 길을 걸었지만 그 빈자리는 러시아 제국이 새로운 발레의 중심지로 떠오르며 채워졌다. 러시아는 유럽 궁정 발레의 전통을 이어받아, 차르(러시아 등 슬라브계 국가 군주의 칭호)의 권력을 기반으로 한 제국주의 정치체제 아래 '황실 발레(imperial ballet)'를 부유층과 권력자들의 예술로 정착시켰다.

물론 프랑스에서 발레가 전성기를 누리던 시기에, 러시아에 발레가 부재했던 것은 아니다. 17세기 러시아에도 이미 서구의 음악가와 공연 제작자들이 참여한 발레 공연이 있었다는 기록이 전해진다. 그러나 역사적으로 러시아에서 발레가 적극적으로 도입되고 정착된 시기는 17세기로, 그 중심에는 지정학적으로 고립된 러시아의 근대화를 추진하며 서구화 정책을 강력하게 추진한 표트르 대제(표트르 1세, 1672~1725)가 있다.

표트르 대제의 서구화 정책은 러시아를 유럽의 강대국으로 만들고 문화적·경제적·군사적 측면에서 서유럽 수준으로 개혁시키려는 의도를 담고 있었다. 이러한 사회 개혁을 위해 표트르 대제는 귀족들에게 서구식 복장을 의무화하고 귀족 자녀들에게는 유럽식 교육을 받도록 장려하는 등 서구식 예절과 문화를 도입했다. 서유럽 대표 예술로서의 발레는 이렇게 정치적으로 러시아에 정착했으며, 러시아에서 발레는 '모방하고 내면화해야 할 신체적 표현의 표준, 즉 이상화된 행동 방식'으로 간주되었다. 즉, 그 목적은 순수예술로서 대중을 만족시키는 것이 아니라 서구식 러시아 귀족을 양성하는 것이었다.

이후 러시아 제국의 여제 예카테리나 2세(1729~1796)의 발레 장려 정책으로 이미 황실은 발레에 빠져 있었음에도 프랑스에 비하면 러시아는 예술적으로 변방에 머물러 있었다. 그러다 19세기 후반 프랑스 출신 안무가 마리우스 프티파의 막대한 헌신과 함께 국민 음악가 차이콥스키의 발레 음악 또한 커다란 성공을 거두며 러시아는 그야말로 발레의 전성기를 맞이하게 된다. 황실 수석 안무가로서 프티파는 3, 4막에 이르는 긴 전막 발레 작품을 60편 이상 제작했으며, 낭만적 주제에 어울리는 웅장한 연출과 화려한 발레 기교를 완성함으로써 발레에서 고전주의 양식을 확립했다.

　그렇다면 신고전주의는 어떻게 탄생했을까? 예술 사조에서 신고전주의는 그 명칭으로 쉽게 유추해 볼 때, 고전주의의 계승임과 동시에 고전주의적 양식에 새로움을 더한 것이라 할 수 있다. 신고전주의는 18세기 후반 미술에서 두드러지나 음악과 발레에는 20세기에 들어서야 그 양식이 드러난다. 그리고 신고전주의 발레는 1917년 혁명[3]으로 황실 발레가 사라진 러시아를 떠나 미국에서 다시 꽃을 피운다.

　20세기 초, 프랑스에서 러시아 현대 예술가들과 안무 작업을 하던 발란신은 예술 후원자인 링컨 커스타인(Lincoln Kirstein)의 초청으로 미국으로 건너가게 된다. 미국 발레의 기틀을 마련하는 데 헌신한 발란신은 바로 고전주의 발레의 기교와 형식, 즉 프티파의 유산을 수용하면서 자신만의 감각을 더해 새로운 양식의 발레를 완성한다. 〈백조의 호수〉나 〈호두까기인형〉처럼 고전주의 발레는 극적 내용을 바탕으로 화려한 연출을 중요시한 구상예술인 반면, 발란신의 발레에는 플롯도 화

---

3)　같은 해 2월과 10월, 두 차례에 걸쳐 일어난 이 혁명으로 인해 러시아 제국이 무너지고 공산주의 국가인 러시아 소비에트 연방이 탄생했다. 이후 러시아에서 발레는 혁명 주체의 비호 아래 사회주의 리얼리즘을 반영하는 예술로 변모하게 된다.

려한 세트도 일절 없이 오로지 움직임과 음악성만 존재한다. 발란신의 발레가 '추상 발레(abstract ballet)'라고 불리는 이유도 바로 여기에 있다. 발란신에게 발레는 아무런 설명이나 이해가 필요치 않은 '눈으로 보는 음악' 그 자체였던 것이다.

발란신과 스트라빈스키

발란신의 대표작들은 그의 예술철학에서 볼 때 숨겨진 의미 같은 것을 생각하며 감상할 필요가 없다. 발란신이 원한 건 유연하고 민첩한 몸이 빚어내는 음악성, 즉 리듬, 악센트, 변화 등 악보의 움직임을 시각적으로 생생하게 전달하는 것이었다.

여기서 발란신의 발레 음악을 논할 때 빠질 수 없는 인물이 바로 20세기의 대표적인 작곡가이자 현대 음악의 거장 이고르 스트라빈스키(Igor Stravinsky, 1882~1971)이다. 이미 〈불새〉(1910), 〈페트루슈카〉(1911), 〈봄의 제전〉(1913)과 같은 발레 음악으로 발레와 협업을 지속했던 스트라빈스키는 작곡에서 음악의 구조와 경계를 넓힌 혁명가로 국제적 명성을 얻고 있었다.

프랑스에서 처음 만난 발란신과 스트라빈스키는 러시아 출신 이민자로서 공통의 언어와 배경을 공유하며 큰 위안을 느꼈다. 발란신은 1928년 스트라빈스키의 음악에 맞춰 안무한 〈아폴로〉[4]를 "내 인생의 전환점"이라고 표현하며 예술적 성장을 이룬 순간으로 여겼다. 그는 이 작품을 통해 스트라빈스키의 음악에서 배운 점들을 이렇게 설명했다.

"그 음악의 규율과 절제, 그리고 지속적인 일관된 음색과 감정은 나에게 하나의 계시와도 같았습니다. 처음으로 나는 모든 아이디어를 사용할 필요가 없다는 것을 깨달았습니다. 나 또한 불필요한 것을 제거할 수 있음을 알게 되었습니다. 수많은 가능성 중에서 필연적인 하나의 가능성으로 줄여 가며 명확하게 표현하는 방법을 보게 되었습니다.

이 악보를 공부하면서, 나는 음악의 음색이나 회화의 색조처럼 몸짓에도 특정한 상관관계가 있다는 것을 처음으로 이해했습니다. 이러한 몸짓들이 모여 그들만의 법칙을 형성합니다. 예술가가 더 의식적일수록 그는 이러한 법칙을 더 잘 이해하고 그것에 반응하게 됩니다.

이 발레를 통해 스트라빈스키와 작업한 이후, 나는 이러한 관계들이 제시하는 틀 안에서 내 안무를 발전시켜 왔습니다."

---

4) 〈아폴로〉는 음악의 신 아폴로가 제우스의 딸이자 자신의 이복 여동생인 세 뮤즈에게 찾아가 가르침을 받는 모습을 묘사한 작품이다. 시(詩)의 뮤즈 칼리오페는 석판을, 마임의 뮤즈 폴리힘니아는 몸짓의 힘을 상징하는 가면을, 춤과 노래의 뮤즈 텁시코레는 리라(고대 현악기)를 상징으로 삼고 있다. 그리스 신화에 관심이 많았던 스트라빈스키는 이 작품을 발레로 구상하고 작곡했다. 스트라빈스키의 음악에 맞춘 두 번째 발레 작품인 〈아폴로〉를 계기로 발란신은 24세의 나이에 국제적인 명성을 얻었으며 스트라빈스키와 평생 동반자적 관계를 맺게 되었다.

스트라빈스키는 그 당시 세르게이 디아길레프(러시아 출신의 발레 프로듀서)가 이끄는 러시아 발레단, 발레 뤼스에서 예술가들과 교류하며 발레 음악 작곡에 깊은 관심을 보였다. 특히 〈봄의 제전〉에서 끊임없이 변화하는 리듬과 박자의 불균형, 놀랍도록 독창적인 오케스트레이션, 20세기 내내 반향을 일으킨 과감한 불협화음 등 새로운 개념의 음악을 선보였다.

그러나 신고전주의 미학을 바탕으로 한 발란신과 스트라빈스키의 협업이 빛을 발한 곳은 미국이다. 러시아 혁명 이후 고국을 떠나 프랑스에서 러시아 예술가들과 함께 활동하던 두 사람은 이후 미국으로 건너가서도 서로에게 영감을 주며 깊은 친분을 이어 갔다. 무려 30곡이 넘는 스트라빈스키의 음악이 뉴욕시티발레단에서 공연되었다. 불협화음, 비대칭적 박자와 악센트 등 스트라빈스키의 신고전주의적 스타일은 냉담, 민첩, 속도를 중시하는 신고전주의 발레의 추상성과 더할 나위 없이 잘 어우러졌다. 대표적인 작품으로는 〈Stravinsky Violin Concerto〉를 비롯하여 〈Symphony in Three Movements〉, 〈Danses Concertantes〉, 〈Orpheus〉, 〈The Cage〉, 〈Agon〉, 〈Concerto for Two Solo Pianos〉 등이 있다.

신고전주의 발레 〈The Four Temperaments〉(1946) ©KCBalletMedia

발란신과 스트라빈스키의 사진 ©New York Public Library

발란신의 〈주얼스〉와 아크메이즘, 상트페테르부르크

　미국에서 화려한 업적을 남긴 발란신의 예술 세계는 '발레로 표현되는 현대 음악의 감각', 혹은 '미국다움'이란 직설적 비유로 읽힌다. 하지만 좀 더 깊이 들여다보면 그의 예술철학에 러시아의 뿌리 깊은 감성과 유산이 담겨 있다는 점은 많이 알려지지 않았다. 스트라빈스키 음악에서 러시아 민족의 근원을 찾듯, 발란신에게 자신의 모국 러시아는 어떤 인상이었을까? 그의 신고전주의에서 러시아는 어떻게 존재하고 있을까? 이어지는 작품 〈주얼스(Jewels)〉는 발란신의 신고전주의 발레 미학의 민족적 근원을 살펴볼 수 있는 좋은 예이다.

　2022년 국립발레단은 창단 60주년 기념으로 발란신의 〈주얼스〉를 무대에 올렸다. 2021년에 국내 초연된 이 발레를 창단 60주년 기념으로 다시 올렸다는 점은 발란신과 함께 이 발레에 대해 좀 더 깊이 생각하게 만든다.

　발란신의 발레들은 주로 20~30분 길이의 추상적인 단막 소품이 주를 이루는데 이 〈주얼스〉는 특이하게도 총 3막으로 이루어져 있으며 최초의 '전막 추상 발레'라는 기록을 가졌다. 그동안 국내에는 잘 알려지지 않았던 작품이기도 하거니와, 자체적인 신탁과 재단(The George Balanchine Trust, The George Balanchine Foundation)을 통해 저작권과 사용권을 엄격히 관리하는 발란신 작품의 특성상 국내 발레 애호가들은 웹상에서 부분적인 영상 정도만 접해 왔던 터라 세간의 큰 기대를 받았다.

그럼에도 한편으로는 "〈백조의 호수〉 같은 고전발레처럼 자세한 대본도 없는 추상적인 발레가 어떻게 전막으로 만들어졌을까?", "3막 내내 내용도 배역도 없으면 지루하거나 난해하지 않을까?"라는 반응도 있었다. '전막 신고전주의 발레', '전막 추상 발레'라는 간략한 소개가 있었지만, 스토리 발레에 익숙한 관객들이 보석을 주제로 한 이 발레에서 감상 포인트를 찾기란 다소 부담이 되는 것이 사실이었다.

춤을 안무하는 데 있어 안무가나 무용수의 역할에 따라 춤의 성향이 규정되기도 한다. 발란신은 안무가를 '장인(craftsman, master artisan)'으로 표현하며 '춤을 완벽하게 만드는 사람'이란 의미와 역할을 부여했다.

2021년의 〈주얼스〉 초연 공연 포스터 ⓒ국립발레단

"신은 창조하고, 인간은 조립한다"[5]라는 그의 명언 역시 '장인 정신'을 담고 있으며, 이러한 맥락에서 자신은 신적인 천재가 아니라 형식과 재료를 잘 조합하는 사람이라는 의미를 반영한다. 장인의 정체성을 지닌 안무가와 함께하는 무용수들 역시 안무가의 비전을 완벽히 구사하는 헌신적인 '재료'라고 할 수 있다.

발레역사학자 팀 숄은 발란신 안무의 핵심을 "3차원 공간에서 이상적인 형식과 움직임을 전시(display)하는 몸의 활용"이라 언급하며, 이를 "건축적 형태와 기능의 융합에 대한 찬사, 그리고 과거 예술에 대한 존중을 특징으로 하는 러시아 모더니즘의 (상트)페테르부르크 단계"라 표현하였다. 여기서 상트페테르부르크는 과거 러시아 제국의 수도이자 발란신의 고향으로, 러시아 모더니즘의 원천이며 신고전주의 발레의 근원을 엿볼 수 있는 곳이라는 점에서 중요하다.

---

5) 발란신의 예술적 비전을 대변하는 것으로 종종 인용되는 이 말에는 러시아 민족주의의 근원이 담겨 있다. 19세기 중반에 상트페테르부르크에서 활동한 민족주의 음악가 글린카의 "국가는 음악을 만들고, 작곡가는 그것을 편곡할 뿐이다"라는 말로부터 유래했다는 점에서 러시아 민족주의의 흔적을 찾을 수 있다.

1890년에서 1920년대까지 러시아 모더니즘은 '은세기(Silver Age)'[6]라는 총체적 문화 현상으로 지칭된다. 구체적으로는 먼저 문학 운동인 상징주의, 미래주의, 아크메이즘 세 유파의 활동으로 주목받았다. 그러나 문학가들의 활동은 문학 안에만 안주하지 않고 모더니즘의 시대정신을 대변하며 동시대 다른 장르 예술과의 교류를 통해 확산된 일종의 문예부흥이자 세계관으로 인식된다. 모더니즘의 물결 속에서 문학, 미술, 음악, 발레 등 여러 예술의 협업이 활발하던 이 시기에 활동한 스트라빈스키 역시 은세기에 속한 대표적인 작곡가이다. 그러나 스트라빈스키가 러시아에서 작곡가로 성장하던 이 시절은 발란신의 유년기였기 때문에, 두 사람의 나이 차이로 인해 은세기 러시아에서의 만남은 성사되지 않았다. 훗날 두 사람은 각자 조국 러시아를 떠나 파리에서 소개로 만나게 된다.

발란신 발레의 명료하면서도 아름다운 시각성은 20세기 초 상징주의에 반발한 러시아 시문학 운동인 아크메이즘(Acmeism)의 시각과 유사

---

6) 19세기 러시아는 푸시킨, 고골, 톨스토이, 도스토옙스키 등으로 대변되는 문학의 황금시대(Golden Age)를 맞이한다. 은세기(Silver Age)는 이에 비견되는 개념으로, 19세기 말에서 20세기 초 러시아 모더니즘의 유파와 성향을 지칭하는 용어이다.

하다. 1910년대 문학가 미하일 쿠즈민, 니콜라이 구밀료프, 오시프 만델스탐, 안나 아흐마토바 등이 주창한 아크메이즘은 '완전', '성취', '개화', '온전함'을 의미하는 고대 그리스어 '아크메(akme)'에서 유래했다.

아크메이즘 선언문에 따르면 "장미는 신비로운 사랑이나 다른 어떤 것과의 비유 속에서 상상하는 것이 아니라 꽃잎, 향기, 색깔 그 자체로 아름다운 것이다"라고 한다. 반상징주의적 태도를 추구했던 아크메이스트들은 당시 상징주의가 추구했던 이상 세계의 모호한 상징이 아닌 '명확한' 또는 '명시적' 예술이 번성해야 한다고 주장했다. 따라서 그들은 상징적이고 추상적인 의미보다는 직접적이고 구체적인 언어를 사용하여 작품에 활력을 불어넣었다.

고전과 현대, 서양과 러시아가 공존하던 상트페테르부르크에서 이 시기 아크메이즘은 '과거를 되돌아보는 태도'를 유지했다. 즉, 이들에게 고전을 존중하는 태도는 과거의 유산에서 생생한 아름다움의 표준과 기준을 찾기 위함이며, 과거를 되돌아보는 것은 고전 예술의 재현이나 모방이 아닌 창의적인 자극을 위해 참고해야 할 일종의 모델이나 본보기로 인식한 것이다.

발란신의 유년 시절은 은세기의 절정이자 아크메이즘이 확산되던 시기로 그는 아크메이즘뿐만 아니라 미래주의와 아방가르드를 포함한 러시아 모더니즘을 교과 과정에서 접했던 것으로 보인다. 그러나 시인이 시어를 갈고 닦듯, 안무가의 장인 정신을 담은 발란신의 신고전주의는 러시아 모더니즘 유파 속에서도 무엇보다 고전의 표준과 명료함을 중시한 아크메이즘의 세계관과 유사하다. 발란신의 유명한 '장미 은유'도 이를 뒷받침한다. 발란신은 종종 발레리나를 꽃에 비유하며 이렇게 말했다.[7]

"아름다운 꽃으로 가득한 정원이 있다면 우린 꽃이 무슨 뜻을 가지고 있는지, 어떤 의미가 있는지 묻지 않습니다. 무용수는 그저 꽃일 뿐이고, 꽃은 문자적인 비유 혹은 은유 없이 그저 아름답게 자랄 뿐입니다. 우린 꽃과 같아요. 꽃은 우리에게 이야기를 들려주지 않죠. 그 자체로 아름다운 것입니다."

---

7) 여성 무용수를 꽃에 비유한 이 인용은 재료(시 언어) 그 자체를 아름답게 갈고 닦는 것을 중시하는 아크메이즘 선언문과 일치한다. 발란신의 말은 신고전주의 발레의 '은유 없는 추상'을 대변하기도 하지만 그에게 장미의 아름다움이란 발레리나의 외모, 신체, 비율 등 외형적 요소와 연관된다는 점에서 여성을 지나치게 미적 대상화한다는 비판의 시각이 따른다.

〈주얼스〉 역시 플롯이 없는 신고전주의 미학을 따르고 있지만, 전막을 두고 보았을 때 예술적으로나 역사적으로 여러 의미가 퍼즐처럼 중첩되어 있다. 이는 마치 발란신 발레의 집약체라고도 볼 수 있기에 아름답고, 재미있고, 유용하다. 1967년 뉴욕 주립 극장(New York State Theater)에서 초연된 〈주얼스〉는 뉴욕시티발레단을 위해 만들어졌으며 세 가지 보석인 에메랄드, 루비, 다이아몬드를 상징적으로 표현한 작품이다. 쉽게 얘기하면 어떠한 대본 없이 그저 보석의 빛과 색을 시각적으로 묘사한 것이라 할 수 있다. 작품 자체에는 스토리가 없으나 제작 배경에 얽힌 비하인드 스토리가 흥미로운 것 또한 이 작품의 특징이기도 하다.

안무의 영감은 유명 보석 브랜드인 반클리프 아펠(Van Cleef & Arpels) 매장에서 시작되었다. 미국에 초청되어 뉴욕시티발레단을 창단한 발란신이 출근길에 맨해튼 5번가에 있는 반클리프 아펠 매장을 지나치다 진열장의 보석에 매료된 것이다. 보석 디자이너 형제 클로드와 피에르 아펠은 발란신을 매장으로 불러들여 각각의 보석이 지닌 매력들을 얘기해 주었고 이러한 친분이 〈주얼스〉를 구상하게끔 했다고 전해진다.

발레 〈주얼스〉는 춤도, 음악도, 의상도 마치 보석처럼 아름답고 정교하다. 에메랄드-루비-다이아몬드 총 3막으로 이루어진 발레는 지역적으로는 세 나라인 프랑스-미국-러시아를 반영하며, 예술사적으로는 낭만주의-신고전주의-고전주의를 상징적으로 담아낸다.

첫 번째, 녹색 에메랄드는 '프랑스가 주는 우아함, 편안함, 드레스, 향수'와 같은 느낌을 표현한다고 발란신은 말한다. 음악 역시 프랑스 낭만주의 작곡가 가브리엘 포레(Gabriel Fauré)의 〈펠리아스와 멜리장드, 샤일록(Pelléas et Mélisande, Shylock)〉을 선택하여 우아하고 매혹적인 낭만주의 감성을 발레에 불어넣었다.

두 번째, 붉은색 루비는 발란신 자신이 만들어 낸 신고전주의 발레의 정수를 볼 수 있는 부분으로, 스트라빈스키의 곡 〈피아노와 오케스트라를 위한 카프리치오(Capriccio for Piano and Orchestra)〉를 사용해 미국의 현대적인 정서를 담았다. 발란신이 활동했던 맨해튼 번화가의 느낌, 즉 '하늘을 찌를 듯한 고층 빌딩, 출근길에 바삐 걷는 샐러리맨들의 모습, 어디로 튈지 모르는 자유분방한 재즈'가 느껴지는 도시 풍경과도 흡사한 것이 바로 이 루비이다.

세 번째, 투명한 다이아몬드는 19세기 프티파 발레의 전형을 보여 준다. 이는 차이콥스키의 〈교향곡 3번(Symphony No. 3 in D)〉과 함께 러시아 황실 발레의 고전적 기교, 순백의 무용수들이 빚어내는 웅장하고 화려한 오케스트라적 질서와 조화를 담았다.

이뿐만이 아니다. 발레의 역사가 음악과 함께 녹아 있는 이 작품은 동시에 발란신이라는 거장 개인의 역사를 담고 있기도 하다. 러시아 태생으로 황실 발레의 교육을 받고, 젊은 시절 프랑스에 건너가 안무가로 성장하고, 미국으로 이주한 후 현대발레의 초석을 마련한, 마치 발란신의 예술가적 생애를 보는 것과도 같다. 이처럼 발란신의 모든 경험이 축적된 작품이기에 춤비평가 알린 크로체(Alrene Croce)는 이 작품을 두고 "발란신 입문서(Balanchine Primer)"라고 표현한다.

수 세기에 걸친 발레 역사의 순간을 넘나드는 까닭에 자칫 이 작품이 그의 추상 발레 철학에서 조금은 벗어나지 않았을까, 하는 의구심도 들 수 있지만 전혀 그렇지 않다. 발란신이 시대별로 상응하는 음악과 발레 미학이 표방하는 움직임의 정수만을 추출하여 춤과 음악을 보석처럼 영롱하게 시각화시켰다는 점에서 이 전막 추상 발레는 그 진가를 발휘한다. "성공적으로 안무를 하려면 발란신처럼 먼저 음악가가 되어야 한다"라고 했던 스트라빈스키의 예찬도 쉽게 수긍되는, 발레사에서 유례없는 수작이다.

발란신의 발레를 음악만으로 설명하기는 부족하지만, 그의 탁월한 음악성이 서사에 의존하던 발레를 추상의 영역으로 이끈 것은 분명하며 이는 현대발레를 도약시킨 위대한 발자취로 남았다. 발란신의 발레를 감상하는 시간에는 발레에 귀 기울이며 몸의 변주를 눈에 담길 바라는 마음이 가득한 것도 바로 이런 이유이다.

〈주얼스〉의 에메랄드-루비-다이아몬드 ⓒ국립발레단(사진_손자일)

참고한 자료들

Belova, E. & Bocharnikova, E(2020). *The Great History of Russian Ballet: Its Art and Choreography*. New York: Parkstone International.

Homans, J(2011). *Apollo's Angels: A History of Ballet*. New York: Random House Trade Paperbacks.

Roh, Y(2015). A Study of Acmeism in George Balanchine's Jewels. *The Korean Journal of Dance Studies*, 53(2), 57~74.

Scholl, T(1994). *From Petipa to Balanchine: Classical Revival and the Modernisation of Ballet*. Routledge.

Taper, B(1996). *Balanchine: A Biography: With a New Epilogue*. University of California Press.

The George Balanchine Trust. https://www.balanchine.com.

Beyond Ballet

Ⅲ.
발레∷그림으로 밝히다

발레와 미술의 만남, 그 이야기

발레 공연이 다채로운 볼거리를 주는 이유 중 하나는 미술, 음악, 문학, 의상 등이 함께하는 종합예술이라는 점 때문이다. 그중 미술은 예술적 측면에서 무대 배경과 세트를 담당하며, 시각적으로 또 역학적으로 작품을 입체적으로 만드는 데 기여해 왔다. 조금 더 역사적인 관점에서 보면 미술은 무대 공학적 역할뿐 아니라 당대 예술적 배경을 이해하는 사료의 측면에서도 그 의미가 깊다. 따라서 발레와 미술의 만남 속에 담긴 미학과 역사적 의미를 조금 더 깊이 들여다보면 흥미로운 이야기들이 등장한다.

이번 장에서는 19세기와 20세기에 걸쳐 발레 혹은 발레 무용수가 대상이 되는 미술, 그리고 발레의 제작 과정에 참여한 무대 미술의 다양한 역할과 그 모습을 살펴볼 것이다. 이는 고전 혹은 현대의 시간이기도 하지만 고전과 현대 사이의 공간이자 발레 너머에 존재하는 냉혹한 사회적 현실을 직관적으로 인식하게도 한다. 미술가에 의해 시각화된 발레는 당대의 예술적 성향과 공간을 다양한 맥락에서 포착했으며, 또한 유례없는 활발한 협업으로 발레를 현대의 스펙터클로 격상시키기도 했다. 발레가 화가에게 영감을 주거나 화가의 작품이 발레에 삽입되기도 하며, 당대 유명 예술가들은 자신의 전문 분야가 아닌 춤의 공간에서 새로운 창작의 설렘을 경험했다.

한 폭의 그림은 빛이 된다. 시대의 속살을 관통하여 드러내고, 함께 달려가는 예술공동체의 열정으로 무대를 밝힌다. 발레의 그림 역시 인간 삶의 역동을 감지할 수 있는 시대의 이미지이자 누구에게나 잠재된 예술적 욕망을 자극하는 원천이 된다. 그저 찰나의 이미지가 아닌 은유와 혁신이 켜켜이 담겨 있는 발레 미술의 장으로 이동해 본다.

그림, 발레리나를 조명하다

서양 미술에서 발레 하면 가장 먼저 떠오르는 화가가 있다. 바로 19세기 프랑스 인상주의 화가 에드가 드가(Edgar Degas, 1834~1917)이다. 시대나 화법 등 예술에 대한 전문적 지식이 없어도 드가가 그린 발레리나 그림들은 국내 대중에게 아주 친숙하다. 약 1,500점의 회화, 단색화, 드로잉, 조각 등을 통해 드가는 클래식 예술 속 발레리나를 대중적인 이미지로 바꾸어 놓았다.

그러나 일단 드가는 접어 두고 그가 발레리나를 묘사한 그림 자체에 대해 잠시 생각해 보자. 그림에 풍성한 종 모양의 스커트를 입고 발레 슈즈를 신은 무용수가 등장한다는 것은 발레가 독립적인 예술로 성장했음을 의미하며, 시기상으로 볼 때 이는 낭만주의 시대 혹은 그 이후임을 유추할 수 있다.

19세기 후반에 활동한 드가는 대중에게 전례 없는 인기를 누렸던 낭만주의 발레의 시대상을 그림에 묘사한 것으로 유명하지만, 드가 이전에도 발레를 담은 그림이 당시 사회에서 인기가 높았다는 점은 널리 알

에드가 드가, 〈에투알〉(1877)

려지지 않았다. 이는 바로 석판화(lithograph)의 등장과 함께 인쇄술의
기술혁신과도 깊은 관련이 있다.

18세기 말 독일의 극작가 제네펠터(Alois Senefelder)가 고안한 석판화
는 평평한 석회석 표면에 물과 기름의 반발력을 이용해 그림을 그려 찍
어 내는 평판화의 일종이다. 요철을 이용하는 볼록·오목 판화보다 정
교하고 자연스러운 이미지를 생생하게 복제할 수 있었고, 기본 크레용
도안에 화학 용액을 사용함으로써 내구성과 보존성이 뛰어났다.

무엇보다 가장 획기적 장점은 간편함과 융통성이었다. 인쇄소와 제판
사의 협력만 얻는다면 누구라도 제작할 수 있었고, 롤러와 같은 손쉬운
수작업을 통해 하나의 판으로 여러 장을 인쇄할 수 있었기에 대량 생산
에 적합했다. 또한 무거운 석판이 아닌 아연, 플라스틱, 알루미늄으로
도 제작이 가능했고 크레용, 펜, 붓 등 다양한 도구로 그릴 수 있었기에
널리 활용될 수 있었다. 화가의 기법에 따라 여러 가지 질감과 다양한
색 표현도 할 수 있어 뛰어난 표현성을 지니고 있었다. 이처럼 실용성과
표현성을 겸비한 석판화는 19세기에 들어서면서 거장 화가들의 작품에
도 등장했다.

19세기 초 스페인의 화가 고야(Francisco Goya, 1746~1828)는 73세의 말년에 석판화 기술을 받아들여 〈보르도의 황소(The Bulls of Bordeux)〉 시리즈 같은 훌륭한 작품을 남겼다. 또한 고전에 심취했던 프랑스의 대표적인 화가 들라크루아(Eugène Delacroix, 1798~1863)는 석판화로 《햄릿》, 《파우스트》 등 문학 작품의 삽화를 그렸다. 19세기 후반에는 프랑스 화가 툴루즈-로트레크(Toulouse-Lautrec)가 일본 목판화 우키요에의 영향으로 과감한 원색적 감각이 두드러진 다색 석판화를 선보임으로써 이후 20세기 상업 포스터의 발전에 영향을 미쳤다.

이 석판화의 발전 시기는 낭만발레의 전성기와 일치한다. 1832년 초연된 〈라 실피드(La Sylphide)〉는 발레의 낭만주의 시대를 선언한 대표 작품이다. '공기의 정령'이라는 의미의 제목을 가진 이 작품은 19세기 낭만주의자들의 구상과 대본을 바탕으로 탄생했다. 춤은 안무가 필리포 탈리오니가 딸 마리 탈리오니를 위해 만들었는데, 이는 결국 마리 탈리오니에게 가장 중요한 작품이 되었으며 그녀는 아름다운 외모와 뛰어난 춤 테크닉으로 자신의 존재를 낭만발레의 전설로 만들었다.

탈리오니의 활약은 세상을 놀라게 했다. 〈라 실피드〉에서 탈리오니는 발끝으로 간신히 무대를 밟으며 가볍고 공기 같은 모습으로 중력을 거스르는 몽환의 세계를 구현하여 관객의 시선을 사로잡았다. 거기다 하늘거리는 백색의 반투명 스커트는 무중력 상태의 공기를 연상시켰고, 덕분에 낭만주의가 신봉해 온 고귀하고 영적인 이상을 구현함과 동시에 현실 도피와 파멸의 환상 속으로 인도하는 묘한 이미지를 굳혔다.

탈리오니의 성공은 본인의 영광으로만 그치지 않았다. 탈리오니가 구현한 매혹적인 초자연의 이미지는 낭만발레를 발레리나의 황금시대로 이끌었다. 파리의 무대 위에는 〈라 실피드〉에 이어 제작된 〈지젤〉을 비롯하여 신비로운 여성 주인공과 낭만적 환상성을 바탕으로 한 작품들이 연이어 올랐으며, 파리는 스타 발레리나들의 활약으로 열광에 빠졌다.

〈라 실피드〉 이후 발레가 유례없는 인기를 누리던 이 시기는 유럽의 산업화 시대와 맞물린다. 대량 생산이 가능해진 산업화 시대의 도래는 대중이라는 두터운 중산층 소비자가 탄생함을 의미한다. 석판화의 유행으로 그동안 소수의 귀족들만이 향유할 수 있었던 고가의 미술이 대량 생산됨으로써 중산층을 겨냥한 다양한 예술 서적이 시중에 보급되

〈라 실피드〉의 마리 탈리오니가 그려진 석판화

었다. 이러한 흐름 속에서 발레 역시 인기에 힘입어 석판화로 쏟아져 나오는 현상이 일어났다.

1830년대에 이르러 특히 발레 석판화는 번창하는 사업이 되었다. 더욱이 19세기 중반에 이르러 다색인쇄 기법이 발달하면서 발레 그림은 대중적으로 더욱 큰 인기를 얻는다. 여기서 흥미로운 것은 발레 석판화가 발레 작품 전체를 묘사하기보다는 발레리나의 여성성을 미화시킨 것이 주류를 이루었다는 점이다.

이것은 발레리나의 황금시대와 무관하지 않다. 실프, 빌리[8]와 같이 낭만주의 발레 속 여성의 역할이 주는 환상성은 사실 무대 장치의 도움이 적지 않았지만, 석판화는 무대 배경을 지운 채 꽃 위에서 자세를 취하고 구름에 기대어 공중에 떠 있는 아름다운 발레리나의 이미지를 묘사하는 데 주력했다. 때론 가녀리게 때론 고혹적으로 여성성이 과도하게 연출되어 중산층 대중에게 어필한 발레리나의 이미지는 그 시대의 '핀업(pin-up, 상업적 목적으로 대량 생산되는 이미지)'과도 같았다는 비판이 따른다. 가난한 대중은 처음으로 아름다운 다리와 완벽한 몸매

---

8) 낭만발레 작품 속 여성 주인공으로 등장하는 실프와 빌리는 초현실적인 존재로, 순백의 요정 혹은 유령의 모습으로 묘사된다.

를 가진 반투명 드레스 차림의 젊은 여성 모습을 안방에서 감상할 수 있게 되었다. 발레리나 석판화의 보급은 당시 발레리나의 대중적 인기를 가늠케 했고, 중산층에게 널리 소비되어 마치 당대 이상적인 여성 이미지인 것처럼 박제되는 현상을 가져왔다.

발레리나를 대중적 이미지로 담아내었던 또 다른 화가는 바로 드가이다. 석판화 속 발레리나가 비현실적이었다면 드가의 그림 속 발레리나는 지극히 현실적이었다. 화려한 공연 장면이 아닌 발레 클래스, 무대 옆, 무대 뒤와 같은 다양한 '비공식적' 장소에 있는 발레리나의 모습을 화폭에 담은 드가의 그림은 석판화 속 낭만발레의 아름다움과는 상당한 거리가 있다. 환상 속 발레리나의 모습이 아닌 고단하고 초점을 잃은 듯한 무표정의 '현실판' 발레리나가 등장한 것이다. 완벽한 포즈를 취하는 대신 아무렇게나 다리를 벌리고 흐트러진 모습으로 앉아 있기도 하고, 헝클어진 옷매무새를 만지거나 벽에 이마를 대고 체념한 듯 기댄 모습도 보인다.

여기에는 우울한 세기말 사회상이 담겨 있다. 드가가 활동하던 시기인 19세기 후반 파리의 발레는 화려했던 명성이 사라지며 사양길에 들

에드가 드가, 〈무용 수업〉

에드가 드가, 〈기다림〉 ©Google Art Project

어서고 있었다. 유명 발레단 중 하나인 파리오페라발레의 내부를 자세히 들여다보면 더 심각했다.

당시 파리 사회는 급속한 산업화로 인해 노숙자와 빈곤이 급증하고 있었고, 가난한 생활에서 벗어나기 위해 젊은 여성들은 상류층이 소비하는 예술인 발레로 눈을 돌렸다. 가족을 부양하기 위해 발레에 기웃거리는 어린 무용수에겐 '오페라의 작은 쥐(petits rats de l'opéra)'라는 조롱 섞인 별명이 따랐다. 그럼에도 그들은 무용수가 되면 돈을 벌 수 있을 것이라 여겼다.

그러나 현실은 그렇지 않았다. 파리오페라발레에는 노동계급의 어린 여성 무용수들이 늘어났지만, 그들의 임금은 빈곤을 해결하기에는 턱없이 부족한 수준이었다. 무대 뒤에는 이들의 임금을 좌지우지하는 후원자들이 있었고, 생계형 발레 노동과 부적절한 관계에 딸을 밀어 넣는 어머니도 존재했다. 더욱이 재정적 어려움을 겪던 발레단은 극장 내에 공연 외 비용을 지불하는 부유한 남성 후원자들과 발레리나들이 어울릴 수 있는 사적인 공간(foyer de la danse)까지 제공하기에 이르렀다.

드가의 그림은 19세기 초 낭만발레의 스타 발레리나가 아닌, 이러한 절대다수의 하층민 출신 발레리나들의 모습과 남성 후원자의 은밀한 시선이 곳곳에 담겨 있다. 또한 그의 유명한 조각 〈14세의 어린 무용수 (Little Dancer Aged Fourteen)〉는 마리 반 괴테(Marie von Goethem)라는 어린 무희, 즉 '오페라 쥐'를 모델로 만든 것으로 알려져 논란이 되었던 작품으로 파리오페라발레의 도덕적 타락을 드러내었다.

현대에 이르러 드가의 그림은 고흐, 모네처럼 미술관 기념품으로 소비되는 이른바 인기 아이템이다. 유화의 질감으로 마치 흰 꽃이 펼쳐지는 듯한 의상에 다양한 동작을 취한 여성의 모습은 대중에게 무대 위 찰나를 포착한 발레의 아름다움으로 받아들여졌다. 그러나 요즘은 TV 교양 프로그램이나 인문학 강좌를 통해 드가와 발레의 비화가 종종 알려지면서 대중도 그의 작품을 마냥 아름답게만 보지 않고 비판적 시각을 가질 수 있게 되었다. 비화는 흥미롭고 자극적이다. 그렇다고 해서 이 '무희의 화가'가 남긴 인상이 평가절하될 수는 없다. 드가는 인상주의 화가로 알려졌지만, 시대의 암울과 하층민의 거친 모습을 주저 없이 담은 그의 성향은 사실주의자에 가까웠다.

발레리나 석판화가 사진 매체의 등장 이전의 발레 모습을 유추할 수

에드가 드가, 〈14세의 어린 무용수〉(1881)

있는 중요한 사료이듯, 드가 그림의 비화는 불편하지만 당시 사회상의

명암을 발레리나 소재로 풀어 준 너무나도 현실적인 예술이었다.

그림, 무대를 조명하다

그림이 발레리나를 대상화하여 담아냈다면, 발레 무대에는 그림이 어떻게 사용되었을까?

19세기가 발레리나의 시대였다면 20세기 초에는 '발레 뤼스(Ballets Russes)'의 시대가 도래한다. 발레사의 흐름에서 보면 이 시기는 고전주의와 신고전주의 사이의 시간이자 다시 프랑스 파리의 시간이라고 할 수 있다. 대중의 취향을 겨냥한 개별 그림보다는 발레 작업과 긴밀히 연결된 현대적인 무대 미술을 주로 목격할 수 있다.

프랑스어로 '러시아 발레단'이라는 의미인 발레 뤼스는 1909년 러시아 예술흥행사이자 공연 기획자인 세르게이 디아길레프(Sergei Diaghliev)가 만든 발레단으로 러시아 예술의 우수성을 유럽에 알리고자 하는 열망에서 시작되었다. 그런데 그 시기가 절묘하다. 매너리즘에 빠져 있던 러시아 황실 발레는 혁명의 전조로 휘청이고, 산업화로 인해 파리 오페라 극장도 쇠퇴기에 있던 시기, 모더니즘에 눈을 뜬 러시아 예술가들은 혼돈의 러시아에서 탈출하여 유럽의 중심을 파고들었다.

세르게이 디아길레프 초상

러시아 모더니즘의 유럽 진출이자 발레의 현대화가 시작된 것이다.

　발레 뤼스는 약 20년 정도 존재했던 발레단의 명칭이지만 그 예술적 파급력은 대단했기에, 발레사에서 고전주의와 신고전주의 사이의 시대를 일컫는 하나의 예술 사조와 유사하게 다루어진다. 진부하고 공허한 형식으로 전락한 제정 러시아의 고전발레를 유럽의 중심으로 다시 불러들였고, 모더니즘의 최전선에 새롭게 발레를 세웠다.

　발레 뤼스의 탄생은 20세기 러시아 문예 르네상스인 은세기의 시대로 거슬러 올라가, 1898년 발간된 예술 잡지 《미르 이스쿠스트바(Mir iskusstva)》와 깊은 관련이 있다. '예술 세계(World of Art)'라는 의미의 잡지명 자체가 매우 상징적이다. 혁신적 예술선언문을 발표하는 잡지이자 동시에 세르게이 디아길레프와 알렉산드르 브누아가 이끄는 예술가 모임, 혹은 모더니즘 운동을 뜻하기도 했다. '예술을 위한 예술'을 모토로 함께 모인 러시아 모더니즘의 상징이었으며, 20세기 유럽 예술에 혁명을 일으킨 예술가들의 모임이기도 하다.

　발레 뤼스는 바로 《미르 이스쿠스트바》의 편집장인 디아길레프 주도로 결성된 발레단으로 발레, 음악, 미술, 문학 등 다양한 예술 장르가 함께하는 총체적 발레, 그리고 내용보다는 스타일을 중시하는 아르 누보 양식의 러시아 발레를 유럽에 선보였다. 총체적 발레에 대한 디아길레프의 신념은 다름 아닌 19세기 작곡가 리하르트 바그너의 종합예술(Gesamtkunstwerk)에서 영향을 받았다. 바그너는 예술이란 인간적이고 근원적인 표현이며 시, 미술, 음악 등 모든 예술이 총체적인 조화를 이뤄 극적인 작품이 만들어져야 한다고 주장했다. 디아길레프는 무대 위에서 완벽하고 몰입적인 극세계를 창조하는 바그너의 공연에 감탄했고, 발레 뤼스를 통해 '총체극'으로서의 발레에 대한 이상을 실현했다.

디아길레프는 무용가 출신은 아니었다. 그는 예술을 장려하는 부유한 가정에서 태어나 다양한 예술적 경험을 누린 사람이었다. 예술비평가, 사업가, 기획자, 흥행사, 발레 임프레사리오(Impresario) 등 다양한 수식어가 따르는 디아길레프는 그야말로 자신의 방대한 예술적 경험과 뛰어난 식견으로 공연 및 전시회를 기획하고 상업적 흥행으로 끌어올리는 일에 일생을 헌신한 야심가였다. 바로 오늘날 예술 경영인과 유사한 모습이다.

디아길레프가 유럽으로 눈을 돌린 계기는 매우 '러시아적'이었다. 러시아의 상트페테르부르크에서 다양한 전시회를 기획하고 제국극장에서 일하며 연감의 편집을 맡기도 했던 디아길레프는 러시아 내 활발한 활동 속에서 사회적 변화를 감지했다. 차르의 실정으로 제정 러시아는 점점 몰락의 길로 접어들었고, 러시아 문화를 되살리는 일이 시급하게 다가왔다. 이에 디아길레프는 러시아 문화를 유럽에 보여 주는 일을 자신의 사명으로 삼게 되었다. 그 시작은 프랑스였으며 '유럽인을 위한 러시아'라는 목적도 분명했다. 디아길레프의 기획으로 1906년 파리에서는 러시아 미술 및 음악 전시회가 열렸고, 이어 1908년에는 러시아 오페라 시즌이 성황리에 마무리되었다.

여기까진 외교적 목적으로 러시아 차르와 프랑스의 후원이 있었지만 이후 재정적 곤란을 겪으면서 그는 발레로 눈을 돌렸다. 1909년 제국극장 소속 무용수들로 구성된 발레 공연, 〈러시아 시즌(Saison Russe)〉이라고 명명한 첫 발레 공연이 성공을 거둔 후, 1911년 비로소 '발레 뤼스'라는 발레단으로 첫 공연을 했다. 국가의 후원이 없는 독자적인 첫 발걸음이었으며, 무너진 제정 러시아 체제에 있던 무용수들이 디아길레프의 행보에 대거 합류하여 이 러시아 발레단을 이루게 되었다.

처음에는 발레에 회의적이었으나 바그너적 이상, 즉 발레에 모든 것을 담는 것으로 디아길레프는 야심 차게 출발했다. 종종 예술가들에게 "나를 놀라게 하라!(Etonne-Moi!)"라고 말했던 그는 총체적인 것을 통해 '충격'을 줄 만큼 극적으로 새롭고 강렬한 작품을 원했다.

대담한 색채와 관능미 넘치는 작품으로 표현적 춤을 역설한 발레 뤼스는 예술의 모더니즘을 대변했다. 미하일 포킨, 바슬라프 니진스키, 레오니드 마신느, 브로니슬라바 니진스카 등 러시아 출신 안무가들을 주축으로 작품에 러시아의 민속적 색채를 가미함으로써 유럽 관객들에게 이국적이고 원시적으로 각인되었으며, 또 다른 측면에서는 고전이 아닌 혁신적이고 실험적인 안무로 큰 화제를 불러일으켰다. 신고전주의를 탄생시킨 조지 발란신은 바로 이 발레 뤼스의 마지막 안무가였으며, 발레 뤼스의 활동으로 주목받아 미국으로 이주하게 되었다(앞의 장 참조).

혁신적 안무와 함께 크게 주목받은 것은 화려한 종합예술의 현대적인 부활이다. 맨발로 춤을 추는 미국 무용수 이사도라 덩컨(Isadora Duncun)이 현대무용이라는 새로운 춤으로 놀라움을 주던 시기, 디아길레프는 20세기 유럽을 강타할 새로운 발레를 위해 당대 모더니즘을 이끌던 화가, 음악가, 문인들을 불러 모을 정도로 기획적 수완이 뛰어났다. 파블로 피카소, 앙리 마티스, 이고르 스트라빈스키, 에릭 사티, 장 콕토, 레옹 박스트, 기욤 아폴리네르 등 오늘날 각계의 거장으로 잘 알려진 수많은 예술가가 당시 발레 뤼스의 작품 제작에 참여했다. 이에 발레에는 미래파, 입체파, 원시주의, 초현실주의 등 모더니즘의 다양한 현대예술 유파가 스며들게 되었다.

이 시기 미술은 회화뿐만 아니라 무대 세트와 의상으로까지 확대되어 시각적으로 무대 연출의 혁신을 가져왔다. 그 예로 1920년에 제작된 〈나이팅게일의 노래〉는 마티스가 의상, 세트, 커튼, 소품을 모두 디자인하고 페인팅했다. 발레 뤼스와의 협업은 마티스에게 가장 도전적인 프로젝트였으며, 화가로서 2차원적인 그림이 무대에서 살아날 수 있는 방식을 탐구하는 시간이었다. 실제로 그는 "발레 제작을 통해 무대 세트는 움직이는 색채가 있는 그림이라는 걸 배웠다"라고 회상했다.

수채화로 여성 이미지를 즐겨 그린 화가 마리 로랑생(Marie Laurencin)은 1924년 장 콕토가 대본을 쓰고 브로니슬라바 니진스카가 안무한 발레 〈암사슴들(Les Biches)〉(1923)의 무대 배경 막과 의상 디자

마리 로랑생, 〈암사슴들〉(1923)

장 콕토가 그린 〈발레 뤼스〉 공연 포스터 (1)

장 콕토가 그린 〈발레 뤼스〉 공연 포스터 (2)

인을 맡았다. 흥행에 성공한 이 작품은 화가로서 잘 알려진 로랑생의 첫 공연계 데뷔작으로, 샹젤리제 극장에서 100년 전 파리 올림픽 기념 공연으로 선보이기도 하였다.

이처럼 당대 유명 화가들은 디아길레프의 의뢰로 발레단의 무대 미술에 관여하여 극장 경험을 쌓았는데, 그중에서도 입체파의 거장 피카소가 이 발레 뤼스의 작품 제작에 적극적으로 참여한 점은 단연 눈길을 끈다. 장 콕토의 소개로 디아길레프와 만난 피카소는 당시 발레단이 계획하고 있던 공연 〈퍼레이드〉(1917)에 합류했다. 레오니드 마신느 안무, 장 콕토 대본, 에릭 사티의 음악으로 초연된 이 작품에서 피카소는 거대한 무대 커튼과 장치 및 의상 디자인을 모두 맡아 강렬한 인상을 안겨 주었다. 공연은 중국인 마술사, 미국인 소녀, 곡예사, 말 등 이국적인 요소가 가미된 유랑 극단의 쇼를 그린 이야기로, 회화와 조형이 어우러진 피카소의 무대 의상과 세트는 고전주의, 입체파, 초현실주의를 넘나들며 그의 예술적 감각을 발레 무대에 과감하게 드러내었다. 이는 마치 발레라기보단 시각예술 그 자체였으며, 하나의 역동적인 아방가르드 전시회였던 셈이다.

〈퍼레이드〉는 피카소가 첫 번째 '공식' 부인인 발레리나 올가 코클로바(Olga Khokhlova)를 만나는 계기가 된 작품이기도 했다. 러시아 출신인 올가는 발레 뤼스의 초기 단원이었으며 〈퍼레이드〉 제작 기간 중 피카소를 만나 프랑스로 이주했다. 올가는 피카소의 작품에 뮤즈로 등장했다. 사색적이면서도 우울함이 감도는 올가의 초상화는 피카소가 입체파로 나아가기 이전의 초기 고전적 화풍을 볼 수 있는 동시에, 1차 세계대전 이후 고향 러시아의 우울한 사회상이 투영되어 있기에 예술사적으로 여러 의미를 읽을 수 있다.

〈퍼레이드〉를 시작으로 이후 〈삼각모자〉(1919), 〈풀치넬라〉(1920), 〈콰드로 플라멩코〉(1921), 〈푸른 열차〉(1924) 등 다섯 개 작품에 남은 피카소의 무대 미술은 발레로선 파격인 동시에 화가로서의 미묘한 예술적 변화를 입체적으로 감지할 수 있는 의미 있는 작업으로 여겨진다.

19세기까지 발레의 무대 미술과 세트는 발레리나의 여성성 혹은 새로운 춤 테크닉을 돋보이기 위한 보조에 불과했기에 화가는 그다지 주목받지 못했다. 반면 피카소를 비롯해 발레 작품에 합류한 유명 화가들의 사례처럼 발레 뤼스의 현대성은 춤과 동시대 예술과의 동등한 협업

피카소(앞줄 우측)의 〈퍼레이드〉 무대 커튼 제작 모습

〈퍼레이드〉의 무대 커튼

피카소의 〈삼각모자〉 의상 디자인

피카소의 〈퍼레이드〉 의상 디자인

에 있다.

그러나 이처럼 화려한 활동 과정에서 춤이 중심에 있지 못하고 안무가 상대적으로 위축되었다는 비판이 따른다. 발레 뤼스의 이국적 색채 또한 전적으로 유럽인들의 기호에 맞춘 것이었고, 협업한 유럽 예술가들의 표현 양식 또한 그들의 지식 체계 안에 확립된 '동양'의 모습이었기에 오리엔탈리즘적 시각에서 비판받는다.

발레 뤼스의 예술성은 당대 예술의 최신 흐름을 최고의 예술가들과 함께 여과 없이 보여 주었다는 점에서 시대적 가치가 있다. 최근까지도 발레 뤼스의 작품을 공연뿐만 아니라 미술관, 박물관 기획전으로 자주 볼 수 있는 것은 어느 시대보다 많은 예술가가 공동으로 작업에 참여하였기에 그 속에 담긴 예술사적 가치의 발견과 재평가가 꾸준히 이어지고 있기 때문이다.

발레 뤼스의 작품에서 그림은 그 자체로 무대 전체를 밝힌다. 본 공연을 위한 보조적 장치에 불과했던 무대 커튼부터 하나의 작품으로 격상된다. 〈푸른 열차〉의 무대 커튼으로 제작된 피카소의 그림 〈해변을 달리는 두 여인(Two Women Running on the Beach)〉(1922)은 역동적이면서도 시원한 색채로 작품의 시작을 한눈에 사로잡는다. 미술관에선 상상할 수 없는 압도적인 크기와 강렬한 색채가 눈을 시리게 하며, 함께 달려가고 싶을 만큼 가슴을 탁 트이게 한다.

20세기 발레는 '발레리나'의 천착에서 벗어나 그렇게 현대예술의 최전선에서 강렬한 도약을 이루어 내었다.

피카소, 〈해변을 달리는 두 여인〉(1922)

참고한 자료들

Garafola, L(1997). *Rethinking the Sylph: New Perspectives on the Romantic Ballet*. Middletown, CT: Wesleyan University Press.

Garafola, Lynn & Nancy Van Norman Baer, Eds(1999). *The Ballets Russes and Its World*. New Haven and London: Yale University Press.

Beyond Ballet

IV.
발레∷드라마로 읽다

"이 작품은 무슨 내용인가요?"

발레 공연을 볼 때 사람들은 종종 내용을 궁금해한다. 줄거리, 배역, 길이 등 누가 어떤 이야기로 사건을 전개하며 작품을 이루고 있는지에 관심을 가지는 것이다. 〈해설이 있는 발레〉에서도 간략한 작품 줄거리 소개는 관객의 이해를 돕기 위한 필수적인 요소이다.

이처럼 현대 춤보다 발레가 어렵지 않은 이유 중 하나는 아마도 이야기 때문일 것이다. 이야기 유무를 작품의 이해 정도와 단순히 연결 지을 수 있는 건 아니지만, 뚜렷한 극적 서사가 있는 발레는 추상적인 현대작품에 비해 감상에 있어 일종의 지침을 제공하는 것만은 분명하다. 구상적 성격이 강한 고전발레는 연극과 오페라의 유전자를 지니고 있기에 거의 모든 작품에 대본이 존재한다. 그렇다면 발레 서사를 구성하는 대본은 무엇으로 어떻게 만들어졌을까?

이번 장에서는 19세기와 20세기로 나누어 발레 작품을 완성하는 '이야기'를 들여다본다. 구전 설화, 민담, 동화 등을 골자로 한 대본부터 20세기 위대한 작가의 문학 작품까지, 발레를 통해 읽을 수 있는 이야기에 관한 것이다. 2차원의 텍스트가 발레를 만나 시각화되고 3차원의 역동적인 힘을 지니게 되는 과정에서 발레는 다양한 형식의 변화 또한 겪는다. 변화하는 예술적 형식은 시대의 변천을 엿보게도 하지만, 이야기를 듣고 말하고 탐닉하는 인간의 성향은 시대를 초월한다.

'기-승-전-결' 속 주인공(그것이 여성이든 남성이든)과 빌런이 존재하는 이야기의 본질은 원형적이다. 발레로 '다시 읽는' 드라마 역시도 인간 내면의 원초적 성향과 무관하지 않다. 하지만 대본으로 선택되고 극화되는 발레의 이야기는 글로 읽는 이야기보다 더욱 상징적이고 감각적이고 입체적이다. 명암, 채도, 속도가 체화된 드라마를 완성하는 발레의 기본, 그 이야기에 관한 이야기를 시작해 본다.

19세기 스토리 발레

발레는 태생적으로 연극성과 분리될 수 없다. 연극, 오페라와 함께 발전했던 궁정 발레 시대부터 춤의 비중은 적을지라도 끊임없이 신체 언어로 이야기를 전달하고자 했으며, 근대의 발레, 즉 독립적 예술 장르로 격상된 낭만발레 역시 발레 고유의 테크닉을 개발하여 이야기를 만들어 가며 성장했다. 발레만을 위한 이야기도 탄생했다. 발레사에서 전문적인 발레 대본(libretto), 혹은 춤으로 극적 서사를 뚜렷이 볼 수 있는 시기는 바로 낭만주의와 고전주의 시대이다. 흔히 '스토리 발레'라고 하면 바로 이 근대의 발레를 지칭한다.

오늘날에도 공연되는 낭만발레의 상징적인 두 작품, 너무나도 친숙한 〈라 실피드〉와 〈지젤〉은 아름다운 춤을 보는 것도 묘미이지만, 다양한 성격을 지닌 배역의 연기로도 주목받는다. 그리고 무엇보다 작품 전반에 환상성과 서정성이 흐른다. 한 마디로 '낭만적'이라는 감성적 수식어가 어울릴 수밖에 없다.

19세기 유럽 정신계의 흐름을 지배한 낭만주의는 18세기 고전주의와 계몽주의가 지향한 이성 중심의 합리적 세계관에 비판적 시각을 가진다. 낭만주의라는 말의 어원은 프랑스어 '로망(roman)'으로 이는 '기이', '경이', '가공'의 의미를 지닌 중세 라틴어 부사 'romanice'에서 파생된 말이다. 동시에 중세 시대 로망어로 쓰인 기이하고 공상적인 운문체의 통속 소설을 의미하는 말이기도 하다. 이성보다는 감정을, 현실보다는 꿈과 환상의 세계를 선호했던 낭만주의의 성향은 19세기 문학을 비롯해 예술 전반에 영향을 미치며 인간의 감정과 내면에 호소하는 다양한 작품을 만들어 냈다.

낭만주의 예술의 구체적인 특징은 무한한 꿈속 세계나 직접 체험하지 못한 이국적인 것을 동경하고, 신비하거나 모험적인 내용을 담은 민담과 전설을 탐구하여 이를 바탕으로 한 작품들이 흔히 등장한다는 점이다.

낭만주의 시대 발레의 서사는 주로 민담, 소설, 전설, 동화 등을 참조하여 만들어졌다. 완전히 새로운 이야기가 아니라 기존에 존재하는 문학적 이야기를 모티프로 상상과 각색이 곁들여진 것이다. 낭만발레의 경우 낭만주의가 팽배한 사회 속 이를 신봉하는 문인들과 예술가들의 연관이 눈에 띈다. 호프만(E.T.A. Hoffmann), 하이네(H. Heine), 고티에(T. Gautier) 등 낭만주의 문인들의 민담을 기반으로 한 환상적인 텍스트는 발레 서사의 탄생에 영향을 미쳤다.

흔히 '옛날 옛적에'로 시작하는 민담(folktale)은 기원과 저자가 불분명하고 문화를 초월하여 유사한 구조로 전승되는 옛이야기이다. 잘 다듬어진 이야기라기보단 원시적(primitive)이고 고태적(archaic)인 모습으로 표현되기도 하고 마법과 환상으로 인간의 이성을 뛰어넘는다. 민담은 문인들에게 환상 체험과 상상력을 자극하는 원천이었기에 이를 바탕으로 탄생한 문학 작품은 〈라 실피드〉, 〈지젤〉 등 환상적인 낭만발레의 스토리를 만드는 데에도 적합했다.

낭만발레의 신호탄을 쏘아 올린 〈라 실피드〉는 오페라 가수 아돌프 누리[9]의 대본으로 만들어졌다. 누리의 대본은 프랑스 낭만주의 운동의 개척자였던 샤를 노디에(C. Nodier)의 소설《트릴비, 혹은 아르가일

---

9) 그는 오페라 〈악마 로베르(Robert le Diable)〉에 출연하면서 오페라 속 음산한 망령이 등장하는 비현실적 주제에 관심을 가지게 되었고, 이는 〈라 실피드〉 발레 대본 창작으로 이어졌다. 〈라 실피드〉의 안무가 필리포 탈리오니 역시 이 대본에 깊은 관심을 가졌다.

의 요정》에서 영감을 받아 발레로 구상되었다. 월터 스콧 경(스코틀랜드의 민요와 전설을 편집해 출판한 작가)의 소설과 흡사한 노디에의 이 작품은 스코틀랜드 민속을 배경으로 한 요정 이야기로, 현실 속 어부의 아내가 남자의 영혼을 지닌 작은 도깨비에게 유혹당한다는 내용이다. 여기서 핵심은 현실과 비현실, 인간과 영혼과의 교감이다.

누리의 발레 대본은 남녀 성별을 치환하여 여성 요정이 현실의 남자를 유혹하는 이야기로 바꾸었다. 초자연적 존재를 다룬 노디에의 원작 소설은 당시 여러 낭만주의 작가를 매료시켰기에 다양한 버전의 이야기로 파생되었고, 누리는 〈라 실피드〉를 통해 공기와 같은 여성 요정이라는 발레 캐릭터를 탄생시켰다. 마리 탈리오니의 분신이 탄생한 순간이다. 라틴어 숲(sylvestris)과 님프(nympha)의 합성어인 '실프', 혹은 '실피드'는 원래 공기의 정령이란 의미로 쓰였으나, 19세기에 마리 탈리오니가 주역으로 등장한 〈라 실피드〉의 폭풍적 인기로 인해 '가녀리고 우아한 소녀' 이미지로 굳어졌다.

오늘날 대중에게 많은 사랑을 받는 낭만발레의 대표작 〈지젤〉 역시 낭만주의 문학을 토대로 한다. 그 시작은 바로 독일 시인 하인리히 하

〈라 실피드〉(1832)를 공연하는 마리 탈리오니

이네의 낭만주의 문집, 《독일에 관하여(De L'Allemagne)》였다. 시인이자 발레 비평가로도 활약한 데오필 고티에는 하이네의 책에 담긴 다음의 한 전설에서 〈지젤〉 대본의 영감을 얻었다고 기록된다.

"슬라브 지방에는 밤이 되면 나와서 춤을 추는 빌리라는 존재가 있다. 빌리는 결혼을 앞두고 죽은 처녀로 이 애처로운 영혼은 무덤에서도 평화로이 잠들지 못한다. 빌리는 새하얀 신부의 의상을 입고, 머리에는 화관을 썼으며, 손에는 반짝이는 반지를 끼고 요정과도 같이 달빛 아래서 춤을 춘다. 얼굴은 눈처럼 창백하지만 젊고 아름답다. 현혹하는 미소를 흘리며 사람을 유혹하는데, 이 죽은 여성이 건네는 달콤한 마력은 저항하기 힘들 정도이다."[10]

'야행성에 신비롭고 몽환적인' 빌리의 모습과 배경은 고티에가 상상하는 완벽한 낭만적 주제였기에 고티에는 빌리의 존재를 그대로 작품에 담고자 하였다. 작품 구상에 있어 빌리는 중요한 모티프였지만 그 과

---

[10] 영국 역사학자 시릴 보몽(Cyril W. Beaumont)의 책 《The Ballet called Giselle》에 담긴 내용으로, 1944년 출간된 이 책은 〈지젤〉 초연작의 시놉시스부터 무대와 배역 분석까지 작품을 상세히 분석한 고전이다.

정에는 또 다른 고민이 따라왔다. 전설 속 빌리는 이른바 뱀파이어 같은 냉혹한 비인간적 존재이기에 고티에는 빌리를 발레 속 주인공으로 만들기 위해선 보다 개연성 있는 극적 장치가 필요하다고 생각했다. 이를테면 주인공은 '그렇게 될 수밖에 없었던' 사연이 있어야 했고, 따라서 냉혹한 빌리가 되기 위해선 일단 죽어야 했다.

이 과정에서 고티에는 자신이 좋아하는 시구를 떠올렸다. 이는 바로 빅토르 위고의 《동방 시선(Les Orientales)》에 실린 시 〈유령(Fantômes)〉에 나오는, "그녀는 춤추는 것을 너무나도 좋아하여 목숨을 잃었다"라는 구절이었다. 이 시는 밤새 무도회에서 시간을 보낸 소녀가 차디찬 새벽 공기로 인해 치명적인 독감에 걸리는 사연을 담고 있다.

이후 당시 유명 오페라 대본가였던 생 조르주(V. de Saint-Georges)의 도움으로 〈지젤〉은 낭만주의 성향의 작품으로 분명한 색채를 지니게 된다. 1막은 이미 성공을 거둔 〈라 실피드〉의 소박한 배경처럼 낭만주의의 이상향인 중세를 배경으로 한 서민의 사랑 이야기로, 2막은 오페라 〈악마 로베르(Robert le Diable)〉의 괴기스러운 무덤 장면에 영감을 얻어 빌리의 환영으로 변신한 소녀를 그린 내용으로 완성되었다.

〈지젤〉(1841)을 공연하는 카를로타 그리지

춤을 광신적으로 좋아하는 점, 그것이 치명적인 죽음과 결부되고 죽음 이후에도 인간의 심적인 요소를 간직한 환영으로 떠도는 부분은 애절하고 숭고한 사랑 이야기를 넘어 낯익음과 기이함을 동시에 불러일으키는 낭만주의적 환상이 충분히 반영되었다고 볼 수 있다.

스토리 발레는 낭만발레가 지고 고전발레가 꽃을 피운 19세기 후반에도 강세를 보였다. 낭만발레의 대표작이 현실과 환상을 오고 가는 서정적인 2막 구조를 보인 반면, 19세기 후반의 러시아 황실 발레, 일명 '프티파 발레'로 불리는 이 시기 작품은 탄탄한 대본을 바탕으로 여러 막과 장으로 촘촘히 구성된 전막 발레의 전형을 보여 준다. 극적 사건이 발생하고 주인공과 빌런이 존재하며 희극이든 비극이든 결말의 선택 또한 뚜렷하다. 작품의 제작 과정은 비슷하다. 어떠한 영감 혹은 동기에 의해 대략적인 구상을 한 후 구체적인 대본이 작성되고 이를 기초로 안무와 연출이 완성되는 방식이다.

19세기 발레 대본에는 전문적인 극작가보다는 안무가 주변의 예술가들, 즉 극장장이나 예술감독 혹은 문학가 등 다양한 사람들이 관여했으며, 대본 자체보다는 완성된 발레의 성공 여부에 초점이 맞추어졌기 때문에 대본의 저자는 그다지 조명을 받지 못했다. 주제가 되는 이야기는 구상의 시간과 대본 작성 등의 단계에서 개입한다. 이른바 '무슨 이야기로 발레를 만들어 볼까?'라는 서사에 대한 고민이 구체화되는 것이다.

낭만발레와 유사하게 러시아 황실 발레 역시 민담이나 동화를 바탕으로 이를 각색하여 만들어졌다. 60여 개의 전막 발레를 만든 프티파의 발레가 대부분 그러하다. 기록에 의하면 고전발레의 정수 〈백조의 호수〉는 대본의 정확한 출처는 불분명하지만 '잃어버린 베일', '하얀 오리' 등 여러 가지 신화, 민담, 동화에 존재하는 백조 주제가 섞여 있는 것으로 추정된다. 아름다운 여성이 새로 변하는, 신화적 변신(metamorphosis) 모티프를 지닌 백조 처녀 민담은 동서양에 걸쳐 흔한 주제였다. 발레 대본은 어느 특정 민담을 빌려 왔다기보다는 유사한 이야기로 재생산된 백조 처녀 민담과 신화의 기본적이며 공동적인 모티프를 반영했다고 볼 수 있다.

또 다른 걸작 〈잠자는 숲속의 미녀〉는 프랑스 작가 샤를 페로의 동명 동화를 바탕으로 탄생했다. 러시아 발레의 개혁을 단행했던 황실극장

〈백조의 호수〉ⓒ국립발레단

〈호두까기인형〉ⓒ국립발레단

의 디렉터 이반 브세볼로즈스키가 대본을 썼으며, 그는 '루이 14세 스타일'이라 명명할 만큼 프랑스풍의 작품으로 만들고자 했다. 〈호두까기인형〉의 경우도 독일 작가 호프만의 환상 소설, 《호두까기인형과 생쥐왕》의 이야기를 바탕으로 제작했다는 사실이 잘 알려져 있다.

이처럼 이야기를 바탕으로 하는 대본을 통해 각양각색의 작품들이 탄생했지만, 이야기와 춤의 연관성 측면에서 살펴보면 흥미로운 지점이 있다. 이 프티파의 작품이 위대한 이유는 내용이 전하는 감동보다는 '볼거리 있는' 춤의 시연에 있기 때문이다. 이를 위해 프티파는 그랑 파드되(Grand Pas de Deux), 베리에이션(Variation), 디베르티스망(Divertissment)과 같은 구체적인 지침이 담긴 춤 형식을 만들고, 질서정연한 군무를 배경으로 세워 작품의 규모를 키웠다. 형식의 다양성은 전막 발레가 길게는 서너 시간이 소요되는 점을 고려할 때 자칫 지루해질 수 있는 작품의 흐름에 변화와 재미를 주는 요소로 작용했다. 오늘날 갈라 공연에서 볼 수 있는 춤 형식이 바로 이 그랑 파드되와 베리에이션으로, 주역이나 솔리스트의 뛰어난 기교와 예술성을 볼 수 있는 부분이다.

디베르티스망은 작품 속에서 독자적으로 작동하는 춤 형식이다. 프랑스어로 '기분 전환', '여흥' 등의 의미를 지닌 이 용어는 발레에서 줄거리와는 상관없이 볼거리가 넘치는 짧은 춤 모음으로 이국적인 춤, 동화 속 캐릭터의 춤을 일련의 순서로 엮은 것이다. 예를 들면 〈잠자는 숲속의 미녀〉 3막에는 주제와 무관하게 페로의 다른 동화(〈파랑새〉, 〈신데렐라〉, 〈빨간 모자와 늑대〉, 〈장화 신은 고양이〉 등) 속 다양한 캐릭터들이 등장하여 재미있는 볼거리를 준다. 프티파 발레는 내용만을 보면 단순하고 아기자기한 이야기에서 출발하지만 다채로운 춤으로 전막을 채워 화려함을 완성했다. 따라서 관객들은 종종 이야기의 맥락과는 무관한 이 디베르티스망을 통해 발레가 주는 묘미에 빠져들었다.

유사한 예는 국내에서도 찾을 수 있다. 우리나라 양대 발레단인 국립발레단과 유니버설발레단은 창단 이래 한국적인 전막 발레를 만드는 데 꾸준히 관심을 가져 왔다. 즉, 한국적인 콘텐츠를 활용해 전막 발레를 창작하는 것으로 발레단의 규모에 걸맞은 작품을 제작하고, 세계화 흐름에 부응하고자 하는 열망이 반영된 것이다. 이러한 과정에서 프티파식 고전발레는 일종의 교본이자 지침이 되었다. 프티파가 독일, 프랑스 민담을 참조하였듯이 한국 발레단은 〈심청〉, 〈춘향〉, 〈왕자호동〉, 〈바리공주〉 등 우리의 민담이나 설화를 바탕으로 형식성이 뚜렷한 작품을 제작했다.

한국적 발레가 늘 호평받았던 건 아니다. 서구의 형식과 한국의 미(美)가 물과 기름처럼 겉돈다는 쓴소리를 듣기도 했지만, 한국적 발레의 효시 격이라 할 수 있는 유니버설발레단의 〈심청〉은 여러 번의 개작을 통해 발레단의 상징과도 같은 작품으로 정착되었다.

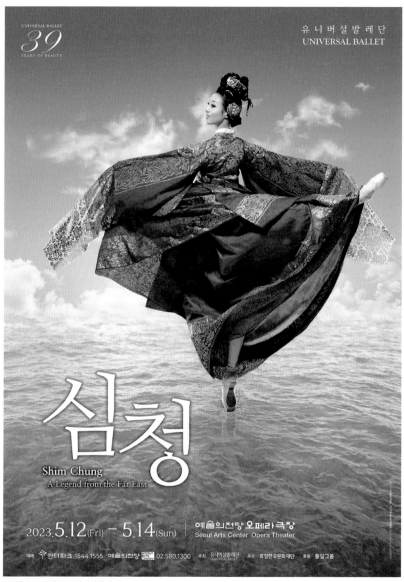

〈심청〉(2023)©유니버설발레단

20세기 드라마 발레

20세기는 조지 발란신과 같은 위대한 안무가에 의해 이야기 없는 추상 발레가 발전하는 시대가 되었지만 그렇다고 현대발레가 곧 추상 발레를 의미하는 것은 아니다. 이전 세기의 프티파 발레는 수정과 보완이 되어 레퍼토리로 정착되는 한편, 현대 안무가들에 의해 새로운 전막 발레들이 창작되기도 했던 것이다. 이야기의 활용 면에서 볼 때 가장 주목할 만한 점은 바로 '드라마 발레'의 발전이다. 사실 드라마 발레가 사전적 혹은 공식적 용어인 것은 아니다. 작품의 성향이 '드라마 같은 서사적 발레(dramatic narrative ballet)'라는 의미로, 국내에서는 이러한 작품을 편의상 '드라마 발레'로 축약하여 표기하고 있다.

드라마 발레는 극적인 내용과 연기가 돋보이는 작품으로, 특히 매우 사실적인 연기를 바탕으로 하는 까닭에 주인공의 심리 묘사가 탁월하다는 평가를 받는다. 극적인 발레라고 하면 19세기 고전주의 방식과 유사한 듯하지만 20세기 드라마 발레는 우선 동화나 민담이 아닌 주로 소설, 희곡과 같은 문학 작품을 바탕으로 깊이 있는 극적 서사를 다룬다는 점에서 차이가 있다. 그리고 이야기를 전개하는 데 있어 인위적인 마임보다는 사실적인 연기를, 의상이나 세트 연출에 있어서도 시대 고증이 반영되어 있다는 점에서 현실적인 감각이 돋보인다. 발레가 더는 동화 속 꿈과 환상의 세계가 아니라는 것이다.

20세기 중반에 꽃을 피운 드라마 발레의 중심지는 독일이다. 프랑스나 러시아에 비하면 발레의 변방에 불과했던 독일이지만 슈투트가르트발레단의 안무가 존 크랑코(John Cranko, 1927~1973)는 바로 이 드라마 발레 제작을 통해 독일 발레단을 세계가 주목하게 만들었다.

존 크랑코는 남아프리카 태생으로 런던에 있는 새들러스웰스발레단(현 로열발레단)에서 수학하며 무용수와 안무가로 경력을 쌓기 시작했다. 뉴욕시티발레단, 발레 램버트, 파리오페라발레 등 여러 발레단을 위해 안무를 했고, 1961년에 슈투트가르트발레단 감독으로 부임하여 작은 지방 발레단을 세계적인 수준의 발레단으로 성장시켰다. 그의 안무는 미묘한 스토리텔링, 명확한 극적 구조, 절묘한 기교의 파드되로 관객들을 사로잡았다. 무엇보다 1962년 평단과 관객의 호평을 받은 〈로미오와 줄리엣〉을 초연하며 획기적 성공을 거두었다.

존 크랑코에게 세계적 명성을 가져다준 대표작 〈로미오와 줄리엣〉, 〈말괄량이 길들이기〉, 〈오네긴〉에서 짐작할 수 있듯, 드라마 발레는 윌리엄 셰익스피어, 알렉산드르 푸시킨 등 저명한 문인의 작품을 발레로 가져왔다. 존 크랑코는 1973년 미국 투어를 마치고 돌아오는 비행기 안에서 갑작스러운 심장마비로 사망했지만, 문학성을 핵심으로 하는 드라마 발레는 이후 함부르크발레단의 존 노이마이어, 영국 로열발레단의 케네스 맥밀란, 러시아 안무가 보리스 에이프만 등을 통해 널리 확산되었다.

존 크랑코의 슈투트가르트발레단은 한국인들에겐 발레리나 강수진으로 인해 더욱 친숙하다. 슈투트가르트발레단에서 30년 동안 활동하며 종신 단원 자격을 획득한 국립발레단 강수진 단장도 다름 아닌 이 드라마 발레 스타 출신이다. 한국 발레의 해외 진출이 드물었던 시절, 강수진은 발레로 국위를 선양하는 소식으로 국내 매체에 등장하면서 연예인 못지않은 스타 반열에 올랐다. 발레 작품을 잘 모르는 사람들도 유럽풍 드레스를 입고 슬픔에 절규하는 〈카멜리아 레이디〉 속 강수진의 모습을 쉽게 목격할 수 있었다. 무용계의 아카데미상이라 불리는 '브누아 드 라 당스(Benois de la Danse)'를 받았던 작품 〈카멜리아 레이디〉는 슈투트가르트발레단의 대표 레퍼토리로 알렉상드르 뒤마의 소설을 바탕으로 하는 전형적인 드라마 발레이다.

　이야기의 활용 면에서 드라마 발레는 스토리 발레의 안무 방식과는 확연한 차이점을 드러낸다. 드라마 발레는 디베르티스망과 같이 이야기와 상관없는 화려한 춤 모음이나 그랑 파드되와 같은 남녀 주역의 경쟁적인 테크닉 시연을 덜어 내고, 문학적 서사에 충실하여 등장인물의 감정선을 최대한 살리는 장면에 주력한다. 춤 또한 틀에 박힌 발레 스텝에서 더욱 확장된다. 예를 들면, 〈오네긴〉[11]과 같이 파국으로 치닫는 비극을 실감 나게 그리기 위해 춤은 맥락에 맞는 섬세하고 표현적인 연기와 과감한 움직임이 조화를 이루고, 그 속에서 관객은 더욱 깊은 감동과 공감을 얻게 된다.

---

11)　푸시킨의 운문 소설 《예브게니 오네긴》(1831) 원작, 차이콥스키의 음악으로 만들어진 이 발레 〈오네긴〉은 오만한 상트페테르부르크 귀족 오네긴과 순박한 시골 처녀 타치야나의 운명적인 사랑 이야기다. 첫 만남에서 타치야나는 도시 청년 오네긴에게 반하지만 잔인하게 거절당한다. 그러나 수년 후 상트페테르부르크에서 타치야나와 다시 재회한 오네긴은 사교계에서 주목받는 타치야나에게 사랑을 느끼고 구애한다. 그러나 이미 결혼한 타치야나는 열정과 의무 사이에서 고민하고 결정하는 성숙한 여성으로 변해 있었다. 발레는 타치야나의 성장과 두 주인공의 심적 갈등에 집중하여 엇갈린 사랑의 슬픔과 화한을 극적으로 그린다.

케네스 맥밀란의 〈로미오와 줄리엣〉(2012) 1막 가면무도회 장면 ⓒ유니버설발레단

드라마 발레의 연극성은 의상과 연출에서도 드러난다. 고전주의 발레에선 시대와 배역에 상관없이 무용수들이 짧은 클래식 튀튀를 입고 춤을 추지만, 드라마 발레에선 소설 속 배역과 시대에 맞는 사실적 의상을 쉽게 볼 수 있다. 모자에 드레스를 입은 근대 여성과 넥타이에 슈트 차림을 한 귀족 남자가 등장하는 것이다.

르네상스를 배경으로 하는 발레 작품 〈로미오와 줄리엣〉은 시대적 고증이 잘 반영된 대표적인 예다. 특히 세르게이 프로코피예프의 웅장한 음악으로도 친숙한 무도회 장면은 르네상스 시대 복식을 그대로 담고 있다. 춤 역시도 시대적 배경이 르네상스임을 염두에 두고 전통적인 궁정 춤 스텝을 활용한 점이 눈에 띈다. 발레 스텝이 아직 고안되지 않았던 이 시기의 춤은 주로 낮고 느린 스텝으로 이루어진 '바스 당스(Basse Danse)'와 활발한 점프 및 도약으로 이루어진 '오트 당스(Haute Danse)'로 나뉜다. 〈로미오와 줄리엣〉 무도회 장면에 압도적 숫자의 군무가 등장하여 화려하고 육중한 드레스를 입고 미끄러지듯 낮은 바스 당스 스텝을 재현하는 모습에서 귀족 가문의 권력과 명예가 읽힌다. 춤, 음악, 의상, 세트 등 모든 것이 서사의 배경과 맥락에 부응함으로써 감탄을 자아내는 것이다. 이처럼 드라마 발레는 춤과 이야기의 분리 없이 춤으로 한 편의 '문학'을 완성한다.

국내 관객에게도 드라마 발레는 그리 낯설지 않다. 〈로미오와 줄리엣〉은 여러 안무가의 버전으로 국내에서 꾸준히 공연되었고, 유니버설 발레단은 존 크랑코의 〈오네긴〉을 대표작으로 보유하고 있으며, 국립 발레단도 슈투트가르트 출신 안무가 크리스티앙 슈푹의 〈안나 카레니나〉, 존 크랑코의 〈말괄량이 길들이기〉를 선보인 바 있다. 또한 네 번째 연임에 성공한 국립발레단 강수진 단장은 2024년 함부르크발레단 존 노이마이어의 〈인어공주〉를 200회 정기 공연으로 무대에 올렸다.

미국 태생인 존 노이마이어는 독일에서 활동하며 1973년 함부르크발레단 단장으로 부임하여 51년간 140여 작품을 남긴 드라마 발레의 거장이다. 발레 〈인어공주〉라 하면 〈잠자는 숲속의 미녀〉와 같이 동화를 화려하게 묘사한 고전발레를 상상할 수도 있겠지만, 노이마이어의 〈인어공주〉는 자신만의 독특한 해석으로 드라마 발레의 연극성을 잘 드러냈다. 작품은 동화의 서사를 19세기 고전발레 형식으로 선보인 것이 아니라 현실과 픽션을 교차시켰다. 이 노련한 안무가는 작품 속에 안데르센의 분신을 삽입하고 작가의 심리를 동화 속 캐릭터와 연계함으로써

〈오네긴〉(2020) ⓒ유니버설발레단

〈안나 카레니나〉(2017) ⓒ국립발레단

독창적인 서사와 동시대성을 확보했다고 평가된다. 드라마 발레의 정착과 성공이 단지 유명 문학 작품의 활용에서 비롯된 것은 아니다. 널리 사랑받는 문학적 내용이 대중의 이해를 넓히는 데 도움이 된 건 분명하나, 춤이 이야기 전달에만 급급했다면 아마도 관객은 무언의 춤보다는 더욱 자세히 서술된 책을 선택할 것이다. 드라마 발레의 묘미는 서사속 인간 내면의 보편적 심리를 역동적이고 직관적인 발레 언어로 시각화하여 깊은 감동을 준다는 데 있다. 흔한 '사랑과 배신'도 드라마 발레에선 폭풍처럼 휘몰아치는 격정과 벼랑 끝에서 곤두박질치는 파국으로 읽히는 이유이다.

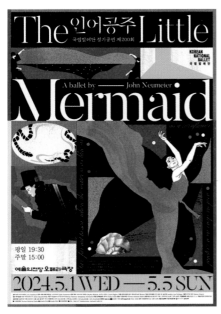

〈인어공주〉 포스터(위)와 공연 장면(아래) ⓒ국립발레단

Beyond Ballet

V.

발레 :: 스크린에서 만나다

발레리나라는 키워드

2023년 가을, 한 OTT 채널은 자체 제작 영화의 공개를 앞두고 끊임없이 홍보하고 있었다. 그런데 그 제목이 그냥 지나치기 좀 힘들다. 다름 아닌 〈발레리나〉.

발레는 영화, 웹툰, 드라마와 같이 대중적인 상업 매체를 통해서도 종종 만날 수 있었기에 아주 특별한 것은 아니나 수식어 하나 없는 직설적인 제목이다 보니 괜히 한 번 더 눈길이 가지 않을 수 없었다. 아무런 정보 없이 제목만으로 유추해 보면 이 영화는 발레리나가 주인공이거나 발레에 담긴 '피, 땀, 눈물' 같은 인정투쟁 서사일 것이란 생각이 얼핏 스쳐 간다. 그다지 특별한 것 없는 이런 생각은 발레를 다룬 전작들의 영향일 수도 있지만, 이 영화는 그것과는 거리가 있는 듯하다.

잠시 기사를 훑어보니 흥미로운 점이 있다. 감독이 정의하길, 자신의 영화 〈발레리나〉는 '아름답고 무자비한 감성 액션 복수극'이라는 것이다. 이렇게 상반된 여러 형용사가 중첩된 표현이라니. 영화도 보기 전 감각적인 언어들의 힘겨루기가 느껴진다. 감독의 조금 더 상세한 설명을 옮겨 보면, "발레의 아름답지만 치열한 부분에 관심을 두었고, 작품 전체를 하나의 발레 공연처럼 멋있게 만들어 보고 싶었다"라고 한다. 복수 장르와 발레의 결합은 좀 낯설지만, 이 영화 속 발레의 의미와 개연성은 더 생각해 볼 일이다.

　발레가 작은 모티프가 되든 드라마틱한 주제가 되든, 발레를 담은 영화는 다양한 장르물로 꾸준히 제작됐다. 이미 큰 주목을 받았던 발레 영화로 〈빌리 엘리어트〉(2001), 〈블랙 스완〉(2011), 〈댄서〉(2017) 등이 있는데, 이번에는 요즘 관객에겐 조금 덜 친숙한 영화 속 발레 장면을 들여다보고자 한다.

심리 영화의 고전 〈The Red Shoes〉

발레는 20세기 초 이미 무성 기록영화와 뮤지컬 영화에도 등장하지만, 예술로서의 발레가 상업 영화에 소재로 등장하여 대중적 반향을 일으킨 것은 20세기 중반에 이르러서였다. 1948년 영국의 영화감독 마이클 파월(Michael Powell)과 에머릭 프레스버거(Emeric Pressburger)가 공동 제작한 〈The Red Shoes〉는 바로 이러한 발레 영화의 시초로 잘 알려졌다.

국내에선 〈분홍신〉이라 알려진 이 영화는 상업 발레 영화의 상징인 동시에 발레리나의 열정과 광기를 다룬 심리 스릴러물의 원조라 해도 과언이 아니다. 한스 크리스티안 안데르센이 쓴 동명의 동화를 원작으로 하는 〈The Red Shoes〉는 춤에 대한 열정, 창작에 대한 강박 등이 점철되어 예술과 삶을 분리하지 못하는 발레리나의 비극을 다룬다. 잔혹 동화로도 잘 알려진 〈The Red Shoes〉는 금기시된 빨간 구두에 집착한 가난한 소녀 카렌의 욕망이 저주를 불러오고, 결국 카렌은 발목 절단이라는 끔찍한 형벌을 통해 구원받게 되는 우화적 내용이다.

영화 〈The Red Shoes〉는 다음의 내용을 담고 있다.

촉망받는 신예 작곡가 줄리안과 춤에 대한 열정이 넘치는 무명 발레리나 빅토리아(비키)는 세계적인 발레단으로 명성을 떨치고 있던 런던 레르몬토프발레단에 스카우트된다. 예술에 대한 열정이 가득한 단장 보리스 레르몬토프는 새 발레 작품 〈The Red Shoes〉를 야심 차게 준비하고 있었다.

그러다 프리마 발레리나가 결혼으로 발레단을 떠나자, 레르몬토프는 신예 비키를 주연으로 전격 발탁하고, 줄리안에게는 새 작품의 작곡을 맡긴다. 이 과정에서 비키와 줄리안은 사랑에 빠지고 〈The Red Shoes〉는 큰 성공을 거둔다.

레르몬토프의 예술 세계에서 현실의 사랑은 결코 용납될 수 없었다. 레르몬토프는 비키와 줄리안에게 헤어지길 강요했으나 그들은 사랑을 위해 발레단을 떠나 결혼한다. 그러나 춤에 대한 열정으로 힘들어했던 비키는 레르몬토프의 설득을 받아들여 다시 〈The Red Shoes〉 무대로 복귀하려고 마음먹는다. 공연 직전 비키를 말리기 위해 극장을 찾아온 줄리안은 레르몬토프와 언쟁을 벌이고 비키를 떠난다.

비키는 무대에 오를 준비를 하던 중 '레드 슈즈'의 마법 같은 힘에 의해 발코니로 끌려 나간다. 결국 심경이 복잡했던 비키는 충동적으로 기차가 지나가는 철로 아래로 몸을 던진다. 사고를 목격한 줄리안이 달려가 피투성이가 된 비키를 끌어안자, 비키는 "레드 슈즈를 벗겨 주세요"라고 말하며 숨을 거둔다.

같은 시각, 사고를 알게 된 레르몬토프는 홀로 무대에 나가 눈물을 글썽이며 공연 취소를 발표한다.

이 영화는 구상부터 흥미롭다. 이 최초의 발레 영화는 다름 아닌 유럽 발레를 이끌고 있던 발레 뤼스를 다채롭게 참조하기 때문이다.

사실 이 영화는 아름다운 발레리나가 주인공이 아닌, 천재 발레리노를 그린 이야기가 될 뻔했다. 당시 영국의 유명 프로듀서인 알렉산더 코르다는 2차 세계대전 중 활발한 작품 활동을 하던 감독 프레스버거에게 각본을 의뢰했다. 그 내용은 발레 뤼스의 창립자 디아길레프와 혁신적 무용수인 바슬라프 니진스키의 관계를 죽을 때까지 계속 춤을 추게 하는 안데르센의 동화와 결합한 것이었다.

그러나 전쟁으로 인해 영화 제작은 무산되었고, 묻혔던 각본은 1946

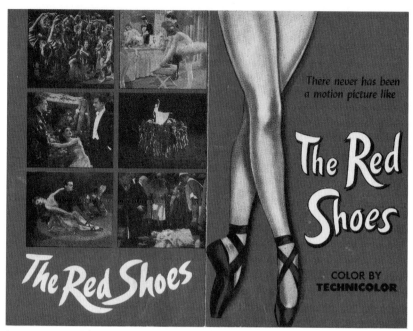

〈The Red Shoes〉 오리지널 전단지 ⓒBallerinailina

년에 이르러 감독 파월과 프레스버거에 의해 다시 빛을 발하게 된다. 이 과정에서 옛 각본이 염두에 뒀던 디아길레프와 니진스키의 일화는 남성 단장과 여성 발레리나의 구도로 재설정되었다. 즉, 극 중 레르몬토프는 디아길레프의 모습을 담아내고, 니진스키는 여주인공인 '비키'로 변경되어 마침내 영화 〈The Red Shoes〉가 탄생했다.

영화는 비키라는 무명의 발레리나가 스타덤에 오르는 과정을 따라가며 완고한 발레단 단장 레르몬토프와 이상주의자인 젊은 신예 작곡가 줄리안과의 관계를 그리고 있다. 즉, 예술과 사랑 사이에서 끊임없이 흔들리는 여주인공의 심리가 영화를 이끌어 간다. "당신은 왜 춤을 추지?"라는 레르몬토프의 물음에 "당신은 왜 사나요?"라고 되묻는 비키의 유명한 대사에서 발레리나의 강박적 심리를 암시하는 보편적인 서사가 읽힌다.

여기서 안데르센의 동화는 영화 속 비키가 주연을 맡아 성공하는 약 16분간의 발레 작품으로 삽입된다. 빨간 구두 대신 빨간 토슈즈가 금기, 욕망, 창의성의 기표로 설정된 것이다. 동시에 영화의 전체적인 전개도 동화처럼 빨간 토슈즈를 신고 춤에 빠진 주인공이 자살로 춤을 멈추는 비극적 결말로 나아간다. 〈The Red Shoes〉는 영화 매체가 다양한 표현 장치를 통해 발레와 하나의 형태로 잘 결합할 수 있다는 개념을 제시했다. 무엇보다 이 발레 영화가 대중에게 설득력을 주며 성공할 수 있었던 요인은 발레에 대한 진정성 때문이었다.

구상 단계에서 거론되던 발레 뤼스의 이야기는 변경되었지만, 영화가 개봉된 1948년 유럽은 발레 뤼스 출신의 예술가들이 활동하던 시기로 디아길레프와 발레 뤼스의 예술적 취향이 영화에 고스란히 반영되었다. 무엇보다 '영화 속 공연'으로 삽입된 발레 시퀀스는 테크니컬러 기술로 빛을 발했다. 테크니컬러는 흑백에서 컬러 영화로 전환되던 시기인 1930년대부터 1950년대까지 뮤지컬, 애니메이션, 그리고 웨스턴(서부극) 등 다양한 장르 영화에 사용되어 현실과 상상의 세계를 넘나드는 화려한 시각 효과를 보여 주었던 기술이다. 이는 감성적 표현을 극대화하여 사실주의에 대한 완벽한 거부로 받아들여졌다.

〈The Red Shoes〉 영화 속 발레는 특수효과, 미장센 등의 영화 기법을 더해 발레 뤼스풍의 감각적인 무대 연출과 판타지 요소를 결합함으로써 비키의 이상 심리까지 탁월하게 구현했다.

영화 〈The Red Shoes〉(1948) 중 발레 시퀀스 ⓒBallerinailina

그뿐만 아니라 출연진 역시 발레를 제대로 경험하고 연기력까지 갖춘 인물들로 채워졌다. 실제 다수의 현역 발레 무용수들이 주조연으로 영화에 참여했다. 대표적인 예로 여주인공 비키 역의 모이라 시어러는 영국 새들러스웰스발레단 출신의 발레리나였고, 상대역인 로버트 헬프만은 (구)로열발레단의 발레리노였다. 또한 발레 뤼스의 주요 안무가로 활약했던 레오니드 마신느는 구두 제작자로 등장하여 주술적인 카리스마를 보여 주었으며, 영국 발레의 창시자인 마리 램버트는 상징적인 카메오로도 등장했다. 무용수 역을 맡았던 배우들은 사실상 자신을 연기하고 있었다.

이처럼 영화는 다양한 영상 기법을 동시대 발레의 예술성과 접목하여 내러티브, 기술, 주제, 표현까지 훌륭하게 어우르는 성과를 이뤘다. 반면 영화의 인기에 힘입어 각색된 브로드웨이 뮤지컬 버전은 등장인물의 삼각관계 위주의 통속적 전개에만 초점을 맞추면서 3일 만에 막을 내렸다는 후문이 있다.

전쟁의 시대를 살았던 감독은 "우리는 지난 10년간 자유와 민주주의를 위해 나가서 죽으라고 말해 왔지만 이제 전쟁은 끝났고, 이 영화

〈The Red Shoes〉는 예술을 위해 나가서 죽으라고 말합니다"라는 말로 예술적 의미를 부여했다. 이는 전쟁에 대한 환멸을 우회적으로 드러내면서 전후 유럽 특유의 감성에 새로운 변화를 시사했다.

〈The Red Shoes〉의 인기는 기록으로 남는다. 영국에서의 초기 개봉은 매우 적은 예산으로 이루어졌지만 인기를 거두었고, 자국에서의 인기에 머물지 않고 전후 중산층이 여유를 찾아가던 시점과 맞물려 세계 최대 영화 시장인 미국 내에서도 역대 최고의 성공을 거둔 영국 영화가 되었다. 일련의 성공으로 영화는 1948년 아카데미 작품상에 노미네이트가 되어 미술상과 음악상을 받는다.

또 하나 흥미로운 점은 이 영화가 한국에선 1952년 피란수도 부산에서 〈분홍신〉이란 제목으로 개봉, 전쟁의 시기에도 서양의 '바-레' 영화로 국내 관객들에게 깊이 각인이 되었다는 것이다. 이후 1957년 서울 시네마코리아에서 새 필름 버전으로 재개봉한 사실을 볼 때 영화의 세계적 인기는 가히 짐작할 만하다.

고전의 가치는 오늘날에 고화질의 영상으로도 체험할 수 있다. 〈The Red Shoes〉는 UCLA 영화 및 텔레비전 아카이브가 협업하여 2년 반

시네마코리아 재개봉, 영화 〈분홍신〉 신문 광고(《조선일보》 1957년 5월 15일 4면)

동안 작업 끝에 2009년 복원을 완료하였고, 그해 칸 영화제에서 최초 공개되어 관객을 만났다. 심리 스릴러를 장착한 이 발레 영화의 고전은 동시대 예술가들에게도 끊임없이 영향을 미치고 있다.

영화 〈블랙 스완〉의 대런 아로놉스키 감독은 이 영화를 직접 참조했다고 말하진 않았지만 〈블랙 스완〉 속 니나의 심리 묘사 장면에서 고전의 오마주를 찾기는 어렵지 않으며, 〈블랙 스완〉의 젊은 관객들이 〈The Red Shoes〉를 다시 찾게 만들었다는 점에서 이 영화는 심리물의 원조로 자리하고 있다.

또한 남성 〈백조의 호수〉로 세계적 명성을 얻은 매튜 본은 영화 〈The Red Shoes〉를 대사 없는 댄스 버전으로 제작했다. 다수의 평론가들은 이 고전 영화를 다른 매체와 시대에 맞게 번역할 수 있는지에 대해 회의적이었지만, 고전과 동시대를 신선하게 넘나들어 온 매튜 본의 이력은 이번 작품에서도 빛을 발한다.

발레 영화와 이데올로기

〈The Red Shoes〉의 예처럼 발레 영화의 대중화는 심리물에서 비롯되었으나, 무용수의 내면을 집요하고 그로테스크하게 엿보는 방식에서 나아가 사회문화적 맥락에서 제작된 작품 또한 발레 영화의 한 축을 이룬다. 물론 인간 사회에서 심리적 기제와 사회적 기제가 서로 영향을 주고받는 경우도 많지만, 한 개인의 내면보다는 발레 문화와 역사적 맥락이 더욱 부각되는 발레 영화들도 많은 주목을 받았다.

대표적인 예로 루이 14세의 일대기를 다룬 제라르 코르비오 감독의 영화 〈왕의 춤〉(2001)을 들 수 있는데 이 영화는 춤의 사료가 잘 반영된 수작이다. 태양왕 루이 14세에겐 '발레를 사랑한 왕'이라는 감성적인 수식어가 따라다니지만, 정치적으로는 왕권신수설을 믿으며 국민 위에 군림한 절대군주의 상징이었다.

〈왕의 춤〉은 극장 발레의 전신인 궁정 발레의 예술성과 정치적 이데올로기를 절묘하게 담아내며 음악, 춤, 연극이 결합한 예술의 시대적 의미를 조명하는 데 주력한다. 영화에서 음악가 장 밥티스트 륄리, 극작가 몰리에르 등이 절대권력에 헌신하며 완성해 가는 화려한 공연 작업은 흥미로우며, 그중 가장 중심이 되는 '무용수' 루이 14세의 춤은 단연 시선을 사로잡는다. 특히 영화 매체의 장점을 활용하여 왕의 독보적 위상을 담은 춤을 탁월하게 표현하는 점이 매력이다. 정치적 암투가 난무하던 시기에 루이 14세가 자신의 이미지를 세상에 투영하고 권력을 강화하기 위해 어떻게 춤을 사용했는지 시각적으로 잘 보여 준다.

영화 속에는 1653년 공연된 〈밤의 발레〉의 장면이 나오는데, 여기서 직접 '아폴로'의 역할을 시연하는 젊은 루이 14세의 모습은 압권이다. 머리부터 발끝까지 치장된 각종 장식과 소품은 태양의 이미지를 표현하고 있으며, 후광이 비치는 조명의 연출 속에 꼿꼿이 서 있는 왕의 자태는 그 자체로 이 세상의 중심인 '태양'으로 각인된다. 그뿐만 아니라 여기엔 세밀한 사료 검토가 수반되어 왕의 권력을 재현하는 궁정 발레 안무의 형식과 구조를 카메라에 절묘하게 담고 있다. 클로즈업을 통해 섬세한 손동작이 이루어지는 손목, 뒤꿈치를 단계적으로 활용하는 바로크 스텝까지도 놓치지 않는 점에서 감탄을 금치 못한다.

영화는 공식적으로 태양왕의 음악가이자 무용 교사였던 륄리의 시각을 통해 루이 14세 시대의 정치권력과 음모를 다룬다고 알려졌지만, 춤의 중요성을 정확히 인식하고 구현하는 데 많은 공을 들인 작품이면서 교육적 가치까지 겸비하였다고 평가된다.

발레 영화는 무용수의 현실적인 삶을 다루며 정치 이데올로기와 사회적 시선을 투영하는 데에도 관심을 기울여 왔다. 특히 1985년에 제작된 영화 〈백야〉를 빼놓을 수 없다. 국내 관객에게 이 영화는 각별하다. 영화는 외국 발레단의 공연이나 정보가 흔치 않았던 시기, 관객에게 미하일 바리시니코프라는 세계적 명성을 지닌 무용수를 각인시키고, 그의 실존 삶과 연결 지어 '발레=자유'라는 영화 속 명제를 거부감 없이 받아들이게 했다.

〈백야〉의 흥행이 발레에 관한 대중의 흥미를 압도적으로 높였던 것은 분명하나, 그 제작 이면에는 냉전 시대 미국과 구소련(소비에트 연방)의 '발레 외교'에서 비롯된 정치적 견제가 있었다. 1958년 외교 협정을 기점으로 미국-소련 간 문화 및 교육 분야 교류가 물꼬를 트면서 많은 발레 무용수가 냉전 시대의 외교 사절로 상징적인 활동을 했다. 정치적 선동과 예술적 자유가 혼재한 시기, 소련에 대한 정보가 부족하고 소련이 위협적인 제국으로 인식될 때 적어도 무대 위 무용수들은 오로지 예술에 대한 진정성 있는 태도를 보여 줌으로써 정세의 긴장을 완화하는 데 기여했던 것이다.

그러나 1961년 누레예프를 선두로 1970년대 마카로바, 바리시니코프, 고두노프 등 상트페테르부르크 출신(일명 스탈린 제국 발레) 주역급 발레 무용수들이 유럽 공연 중 망명을 시도하면서 문화 교류의 꽃이었던 발레는 다시 이데올로기 전쟁에 휘말리게 된다. 〈백야〉는 바리시니코프의 망명기 자체를 사실적으로 다루진 않지만, 정치적 선택이 아닌 '표현의 자유'를 위해 망명을 택했다는 바리시니코프의 고백에 정치색을 입혀 할리우드 영화로 탄생시킨 대표적 예이다.

영화에는 또 한 명의 빛나는 무용수가 함께한다. 바로 미국 탭댄스의 전설 그레고리 하인즈이다. 영화 속에서 소련으로 망명한 미국인 댄서로 출연한 하인즈는 돌아온 바리시니코프를 감시하는 역할을 맡는다. 정반대의 행보를 보인 두 사람이지만 영화는 결국 바리시니코프와 하인즈, 그리고 하인즈의 소련인 아내(이사벨라 로셀리니)까지 미국의 '뛰어난' 외교적 역량으로 구해 내면서 서방 진영의 승리를 구현한다.

현존하는 최고의 두 무용수가 주역을 맡은 이 영화에서 이들이 직접 시연한 춤은 대사보다 더 큰 울림을 준다. 영화의 첫 장면은 프랑스 안무가 롤랑 프티의 〈젊은이와 죽음〉에서 열연하는 바리시니코프의 모습으로 시작한다. 죽음에 사로잡힌 젊은이의 불안을 강렬하게 표현한 이 작품 속에서 바리시니코프는 현대적인 감각을 발산하는 서구 예술가의 자유로운 모습으로 읽힌다.

소련에 억류된 상황에서 나오는 춤들은 더욱 절절하다. 재회한 옛 애인 앞에서 소련의 음유시인이자 가수인 블라디미르 비소츠키의 노래에 맞추어 춤을 추는 극장신에는 자유를 갈구하는 한 인간의 절규가 고스란히 체화되어 있다. 또한 연습실에서 바리시니코프와 하인즈가 보여주는 배틀 듀엣은 이념의 시대에 개인이 맞닥뜨린 절박하고 복잡한 심경을 구구절절한 설명이 아닌 춤으로 고스란히 드러내었다.

한 영화 평론가는 〈백야〉를 "CIA와 KGB의 파드되"라고 꼬집으면서 망명과 탈출로 인한 스릴러와 댄스 영화의 결합을 탐탁지 않은 시선으로 바라보기도 했지만, 영화 속 춤은 호소력이 강했고 애국심을 자극하기에 충분했다. 하지만 소련이 가만있을 리 없었다. 같은 해 소련은

영화 〈백야〉(1985) 포스터

〈Flight 222〉라는 다큐멘터리 영화로 맞불을 놓았다. 〈Flight 222〉는 볼쇼이발레단의 간판스타인 알렉산더 고두노프의 망명 에피소드와 관련이 있다.

발레 외교가 한창이던 1979년, 볼쇼이발레단의 뉴욕 투어 중 고두노프는 미국으로 정치적 망명을 감행한다. 그의 망명 사실을 즉각 인지한 KGB(러시아 연방 보안청인 FSB의 전신)는 볼쇼이발레단 단원이었던 고두노프의 아내 류드밀라 블라소바를 모스크바행 비행기에 급히 대우지만 이륙 전 비행기는 억류된다. 이 사건은 미국 대통령과 소련 지도자 간 모종의 합의로 블라소바의 강력한 귀국 의사를 존중해 그녀를 태운 비행기를 소련으로 돌아가게 하는 것으로 마무리되었다.

이후 고두노프는 홀로 미국에 남아 뉴욕에 있는 발레단인 아메리칸 발레시어터(American Ballet Theatre)를 비롯해 여러 발레단에서 무용수로 경력을 이어 나갔다. 또한 1980년대 〈위트니스〉, 〈다이하드〉와 같은 인기 영화에도 출연하며 할리우드 영화배우로도 활약했지만, 알코올 중독에 의한 합병증으로 45세의 나이에 일찍 생을 마감했다.

〈Flight 222〉는 고두노프의 망명을 모티프로 하면서도 소련에 부재하는 고두노프를 주인공으로 내세울 순 없었고, 미국에서 생활하고 있는 고두노프의 실제 에피소드를 다시 소환하는 일은 불편했을 것으로 짐작된다. 따라서 영화 속 주인공은 가상의 스포츠 스타와 아이스발레 스케이터 아내로 설정이 바뀌었다. 영화 속 아내는 미국에 남고 싶지 않다고 말하지만 미국인들은 그녀의 말을 믿지 않았고, 미 당국은 비행기까지 억류시키며 끊임없이 망명을 강요하는 것으로 맥락을 이어 간다. 이 국제 분쟁은 철저히 소련의 시각에서 극화되었기에 영화는 소련행 탑승자에 대한 미 당국의 회유와 매수, 그리고 이에 저항하는 모습들을 담고 있다. 영화의 결말은 쉽게 예상된다. 바리시니코프의 〈백야〉와는 정반대로 미국의 '코카콜라' 매수에 굴복하지 않는 소련의 단결과 승리를 담았다.

두 영화 모두 정치적 의도가 분명했지만, 영화 시장에서 관객의 선택은 예견되어 있었다. 인기 발레리노 바리시니코프의 절절한 춤과 명연기로 무장한 할리우드 상업 영화의 힘은 압도적이었고 〈백야〉는 흥행작으로 기록되었다.

다시 심리로

〈백야〉와 〈Flight 222〉는 '발레리노의 망명'이라는 실화를 모티프로 하지만 상반된 정치적 시각을 투영하여 영화적 상상을 펼쳤다. 그렇다면 실제 망명자들은 어떤 마음으로 어떤 삶을 살아가고 있을까?

무용수의 망명은 독립 다큐멘터리 영화에서도 종종 목격된다. 하나의 예로 2004년 영화감독 마이크 케이힐과 배우 브릿 말링이 제작한 〈복서와 발레리나〉는 쿠바와 미국을 배경으로 쿠바 현지, 그리고 미국으로 망명한 복서와 발레리나 네 명의 삶을 다각도로 들여다본다.

독립영화와 상업 영화는 지향점이 다르다. 할리우드 영화처럼 상업 자본을 기반으로 한 영화는 마케팅과 흥행에 유리한 방향으로 내용이 설정되는 것과 달리, 독립 다큐멘터리는 상업적으로 관습화된 내용보다는 작가의 의식이나 대안적 내용이 투영되는 경향이 짙다.

망명 문제를 다루는 〈복서와 발레리나〉는 미국-쿠바의 특수한 외교 관계 속에서 실존 인물을 통해 그들의 일상을 추적하고 '낮은' 목소리를 듣는 데 초점을 맞춘다. 미국과의 정치적 갈등으로 세계 무대에서 고립된 쿠바에 발레와 복싱은 특별한 의미를 지닌다. 이는 자국 내 가장 인기 있는 대중문화이자, 현대사에서 끊임없이 서방으로의 망명 문제가 터져 나왔던 진원지이기도 했다. 민간인이 감행한 서방으로의 탈출은 베일에 싸인 국가의 존재를 끊임없이 외부에 알리고 관심을 촉발하는 사건이 되었다.

특히 국민 발레리나 알리시아 알론소(Alicia Alonso)의 쿠바국립발레단(Ballet Nacional de Cuba)을 보유한 쿠바의 발레는 '혁명 문화의 근간'이다. 카스트로 정권의 비호 아래 미국 자본주의와 결탁했던 옛 정부의 잔재를 지우고 누구나 예술 교육을 평등하게 누려 자국 문화에 대한 자긍심을 고취시키고자 한 혁명 정부의 문화정책을 대변한다.

영화는 발레를 통해 폐쇄적 사회상에 가려진 갈등과 모순을 가감 없이 보여 주며, 21세기 실존 내부인과 망명자의 시각을 통해 발레의 문화적 가치와 지향점을 조명했다.

다큐멘터리 제작자 존 그리어슨은 다큐멘터리를 "실제의 창의적 재현"이라고 간결하게 정의한다. 즉, 사실 혹은 진실인가라는 가치판단에 중점을 두기보다는 '실제(actuality)'라는 재료를 활용하되 그것을 선택하

알리시아 알론소의 〈백조의 호수〉 중 흑조 ©wiki

고 구성하는 방식은 창의적이어야 한다는 의미이다.

〈복서와 발레리나〉의 서사는 '자유'가 화두이다. 영화는 "왜 사람들은 위험에도 불구하고 쿠바를 떠나는 것일까?"라는 직접적인 질문과 함께 시작하며, 인물들의 연기가 아닌 일상의 모습이 핸드헬드 카메라(소형 카메라)에 의해 관찰된다. 감독의 창의성은 극적 구성에서 더욱 발휘된다. 장면과 장면은 '기−승−전−결'과 같은 선형적 구조가 아니라, 쿠바의 수도인 아바나와 미국 마이애미를 오가며 각 인물의 일상과 대화를 옴니버스식으로 엮었다.

안니아(Annia)라는 발레리나를 따라가는 아바나의 발레 장면은 알론소와 카스트로의 권위가 읽히는 연습실의 모습을 통해 발레의 국가적 후원과 위상을 암시하는 동시에, 국가의 허락하에 승인된 해외 순회공연 참가를 두고 갈등하는 모습을 담았다. 표면적으로는 공식적인 허가이지만 여전히 엄격한 감시와 통제하에 이루어지는 일시적 자유이기에 현실의 마음은 여전히 무거웠으며 해외 공연을 '망명의 기회'로 삼았던 무용수들의 과거 에피소드가 마음을 복잡하게 만든다.

한편 폴라(Pola)라는 발레리나를 통해 들여다보는 마이애미의 발레 장면은 망명자의 시각에서 현실의 모습을 담아낸다. 마이애미는 아바나와 바다 하나를 사이에 두고 있는 곳, 목숨을 걸고 탈출한 쿠바인들의 정착지가 형성된 곳이다. 쿠바국립발레단 단원이었던 폴라의 어머니 로자리오는 망명 후 마이애미에 정착하여 폴라를 낳았다. 어머니의 발레 스튜디오에서 연습하며 프로 발레단으로의 입단을 꿈꾸는 폴라는 어머니가 그토록 간절히 원한 자유와 기회를 누리고 실천하는 인물로 그려진다.

〈복서와 발레리나〉는 어느 정치 진영과 사회제도에 대한 가치판단을 배제하고, 국가라는 기구 속에서 개인의 자유와 인간의 기본적 권리에 대한 문제들을 발레 문화가 지닌 보편성 및 특수성과 연계하여 의미 있게 조명했다. 실존인 인터뷰, 내레이션, 뉴스가 모든 망명자의 삶을 대변할 순 없지만, 거칠게 조합된 상징적인 정보들이 관람자에게 가치판단보다는 열린 시각을 제공하는 것은 분명하다.

미국 춤평론가 조앤 아코셀라(Joan Acocella)는 발레 영화를 매체의 관음적 성격과 결부시킨다. 혹독하고 비현실적 장치를 지닌 예술의 스릴을 엿보는 것이 발레 영화의 기본이자 매력이라는 것이다.

이처럼 심리, 역사, 정치, 사회 등 다양한 맥락에서 발레 영화가 제작되고 공감을 얻을 수 있었던 것은 발레의 예술적 성장 과정도 한몫한다. 유럽, 러시아, 미국으로 확장되며 서구 근현대 문화와 이데올로기를 흡수해 온 발레의 폭넓은 행보 및 궁극의 아름다움으로 귀결시키고야 마는 인간의 '극한 투쟁'을 영화는 놓치지 않았다. 그렇다고 모든 발레 영화가 성공할 리는 만무하다. 하지만 발레에 대한 진정성이 담긴 작품은, 그것이 역사적이든 정치적이든 미학적이든 결코 관객의 눈을 비껴가지 않았다.

참고한 자료들

노영재(2019). 〈국경과 이념의 체화: 다큐멘터리 스토리텔링으로 본 쿠바 발레〉. 《무용예술학연구》, 73(1), 95~113쪽.

Ebert, R.(November 22, 1985). White Nights. https://www.rogerebert.com/reviews/white-nights-1985.

UCLA Film & Television Archive. https://www.cinema.ucla.edu/preservation/red-shoes-restoration.

Beyond Ballet

발레코어룩의 시대

MZ 세대 패션 트렌드에선 일명 '발레코어룩(Balletcore Look)'이 화제다. 이는 '발레(ballet)'와 일상의 편안함을 자연스레 담아낸 패션을 뜻하는 '놈코어(normcore)'의 합성어로, 발레복을 일상에서도 편하게 입을 수 있게 응용한 의상을 의미한다. 발레 슈즈, 스커트, 스타킹, 워머 등 연습실에서 볼 수 있는 아이템들이 일상복과 다양하게 결합하여 앳되고 여성스러운 분위기를 연출하는 것이 이 패션의 포인트일 것이다.

발레는 오페라 극장과 같은 고전적인 공연장에서 화려하게 꽃을 피웠지만, 이처럼 발레가 주는 이미지는 (비록 고정적이긴 해도) 오늘의 방식으로 톡톡 튀는 일상을 관통하기도 한다. 이러한 현상은 단지 일명 MZ 세대의 독창적인 전유물은 아니며, 패션 산업 전반에서 적극적으로 관심을 가져온 트렌드로 보인다.

2022년 《보그》지에는 하이엔드 패션 브랜드 '미우미우'의 예를 들며 발레코어룩의 변천을 언급하는 기사가 실렸다. 기사에서는 발레에서 영감을 받은 작업이 처음은 아니나 발레코어룩으로 부상하는 트렌드는 과거 튀튀와 같은 완성된 발레 의상의 응용에만 한정된 것이 아니라, 바를 잡고 발레 동작을 연습하는 발레 바 워크에서 볼 수 있는 활동적인 연습복을 포괄적으로 아우른다는 점에 주목한다. 발레코어룩을 한편으론 재미있게 '비번댄서(Off-duty Dancer)룩'이라 칭하면서, 런웨이 안팎에서 이 '비번댄서룩'이 '비번모델룩'의 미학을 형성하는 데 영향을 미친다고 서술한다. 그 이유는 바로 빠르게 소통하는 바이럴 댄스 열풍이 만연하고, 활동적인 패션 하이브리드에 대한 관심이 높아진 것이라 진단한다.

2020년 〈발레리나: 패션의 현대 뮤즈〉 전을 기획한 뉴욕 FIT 뮤지엄의 패트리샤 미어스는 발레가 패션에 영향력을 가지게 된 시기를 일찍이 1930년대와 1940년대 발레 마니아의 등장에서 찾는다. 발레 패션은 1970년대 디스코 시대에 다시 강렬하게 부활하는데, 이 시기는 운동과 여가의 합성어인 '애슬레저(athleisure)'라는 용어가 등장하기 훨씬 이전이다.

오늘날 젊은 층을 중심으로 다시 부상한 발레 코어룩은 소셜 미디어가 주도하는 댄스 열풍과도 관련이 있다. 클래식 발레단들과 스타 무

FIT 뮤지엄, 〈발레리나: 패션의 현대 뮤즈〉 전 홈페이지

용수들이 소셜 미디어 플랫폼을 사용하면서 예술춤에 대한 접근성이 높아지고 있으며, 바이럴 마케팅으로 급속히 확산하는 사진과 영상물에는 유명 디자이너가 의뢰한 의상부터 발레리나들이 일상생활에서 입는 옷까지 모든 것이 포함된다. 이러한 현상은 거리에서 스튜디오와 무대에 이르기까지 무용수의 전방위적인 경험을 더욱 완벽하게 표현하고 있으며, 그 결과 패션에 대한 환상뿐만 아니라 일상적인 필요를 충족시키는 다양한 의상이 등장한 것이다.

이처럼 춤에 대한 패션의 지속적인 관심은 오랜 역사를 지니고 있기에 다음 글에서는 런웨이, 즉 화려한 패션 무대에 등장한 발레의 모습과 일상으로의 확산을 조금 더 들여다보고자 한다.

코코 샤넬의 발레

앞서 언급한 바와 같이 발레 패션의 붐은 1930~40년대 발레 마니아에서 영향을 받았다. 이 시기는 바로 발레 뤼스의 시대로 디아길레프와 재능 있는 무용수들이 침체된 클래식 발레에 새로운 활기를 불어넣었기에 발레에 대한 광범위하고 지속적인 열풍, 즉 발레 마니아가 등장하기에 이르렀다.

사실 역사적으로 볼 때 발레 마니아의 기원은 19세기 러시아 황실 발레에서 등장한 '발레토매인(balletomane)'일 것이다. 단순히 발레를 사랑하는 사람이라기보단 좀 더 광적인 팬을 의미하는 이 용어는, 당시에는 특정 여성 무용수를 극단적으로 지지하여 때때로 히스테리 증세를 보이는 무리를 의미했다. 하지만 오늘날에는 덜 과격한 의미로 사용되며 발레 애호가, 전문가를 포괄적으로 지칭한다. 발레 뤼스가 보여 준 화려한 발레가 파리에서 대대적인 성공을 거두며 유럽과 북미까지 역사 속 발레 마니아를 부활시킨 것이다.

발레 뤼스의 작업은 종합예술론을 바탕으로 실험과 혁신이 담긴 작품을 보여 주었지만, 패션 업계에서 주목한 것은 공교롭게도 19세기 발레토매인처럼 다름 아닌 여성 무용수였다. 발레가 대중에게 인기를 얻으면서 1930년대부터 1970년대까지 발레리나들은 하이패션 잡지에 자주 등장하며 현대 소비자들이 선망하는 대상이 되었다. 무엇보다 그들은 외형적으로 아름다웠고 화려했기에 최신 유행을 이끄는 패션모델로 손색이 없었다.

발레가 패션 잡지에서 소비되던 시기, 총체적 예술로서의 발레를 추구하던 발레 뤼스에도 패션 역시 발레의 영역으로 들어왔다. 그러나 패션계에서 대중적으로 주목했던 발레의 여성적인 아름다움과는 다소 거리가 있었다. 대표적인 인물이 세계적인 하이패션 브랜드 샤넬의 창시자, 가브리엘 샤넬이다. 샤넬은 디아길레프의 친구이자 후원자, 그리고 의상 디자이너로 발레 뤼스와 함께했다.

샤넬과 디아길레프를 이어 준 것은 다름 아닌 발레 〈봄의 제전〉이었다. 스트라빈스키의 음악과 니진스키가 안무한 이 발레는 난해한 음악과 함께 고전발레의 전통을 완전히 깨뜨린 작품으로 1913년 초연 당시 큰 스캔들을 일으켰다. 샤넬은 〈봄의 제전〉을 통해 미학적 충격을 받았다. 춤, 음악, 회화, 세트, 의상 등의 요소를 통합한 종합예술이라는 혁신적인 개념을 가진 디아길레프의 예술관은 샤넬을 매료시켰으며 이를 계기로 시작된 두 사람의 우정은 1929년에 디아길레프가 사망할 때까지 지속되었다. 샤넬과 디아길레프의 친밀함은 다양한 협업과 후원으로 이어졌고, 그중 〈봄의 제전〉의 부활이 그 시초가 되었다. 1920년 샤넬은 익명으로 거액을 투자하며 이 전설적인 발레를 재정적·예술적으로 부활시키는 데 도움을 주었다.

"항상 빼고, 절대 더하지 말 것. 몸의 자유보다 더 아름다운 것은 없다"라고 선언하며 편안함과 자유로움을 추구했던 샤넬의 패션 철학은 현대 여성에게는 해방과도 같았다. 샤넬의 패션은 꽉 조이는 코르셋과 온몸을 감싸는 답답한 의상 대신 활동적이며 자연스러운 실루엣의 정장과 스포츠 의류로 각광을 받았으며 여성의 사회적 이미지와 활동 범위에도 변화를 가져왔다.

샤넬의 창의적 시도는 발레 뤼스의 혁신성과 만나 독창적인 무대 의상으로도 발레단의 이미지를 널리 각인시켰다. 디아길레프 역시 당시 혁신적인 스타일의 수영복으로 각광을 받고 있던 샤넬의 스포츠 의류에 주목하여 샤넬에게 새로운 발레 작품 〈푸른 열차(Le Train Bleu)〉의 의상 디자인을 의뢰했다. '푸른 열차'는 부유한 유럽인을 휴양지 몬테카를로로 실어 나르는 실제 고급 열차를 의미한다. 휴양지에서 여름휴가를 보내는 상류층의 모습을 묘사한 이 작품은 장 콕토의 대본, 피카소의 미술, 브로니슬라바 니진스카의 안무가 함께했다. 이뿐만 아니라 디아길레프는 이 작품에 최신 스타일의 의상을 도입하고 싶었다. 그렇게 샤넬이 디자인한 상류층의 여름 휴양지는 역동적이었다. 작품에서 샤넬은 자신의 스타일을 투영한 수영, 골프, 테니스 의상을 무용수에게 꼭 맞게 맞춤 제작하여 사실적이면서도 자유로운 분위기의 무대를 연출했다.

이 옛 시절의 감성을 최근 국내 공연계에서도 목격할 수 있었다. 2024년 봄, 러시아의 발레리나 스베틀라나 자하로바가 샤넬로 변신한 모습을 담은 사진이 대중의 눈길을 사로잡았다. 샤넬의 생애를 발레로 만든 작품 〈모댄스(MODANSE)〉의 내한 공연 홍보 기사였다. 국내에도 발레 애호가들에게 널리 알려진 볼쇼이발레단 간판스타 자하로바와 인기 있는 럭셔리 브랜드 샤넬의 만남은 화제가 되기에 충분한 조건으로 보였다.

'모댄스(modanse)'는 패션(mode)과 프랑스어 춤(danse)을 결합한 말로, 발레 공연 〈모댄스〉는 2019년 6월 볼쇼이발레단이 초연했다. 두 편의 단막 발레, 즉 가브리엘 샤넬의 삶과 사랑을 그린 〈가브리엘 샤넬〉과 헨델의 바로크 미학을 투영한 〈숨결처럼〉을 더블빌(서로 다른 두 개의 발레 작품으로 구성된 공연)로 구성하면서 패션과 춤의 만남이 주목받았다. 특히 샤넬의 독점 스케치를 바탕으로 85벌의 다양한 의상이 등장하는 〈가브리엘 샤넬〉에서는 샤넬 역을 맡은 스베틀라나 자하로바가 7벌의 의상을 갈아입고 나오며 샤넬의 모습을 다채롭게 그려 냈다. 발레 홍보를 위해선 "스타일은 영원하다"라는 샤넬의 철학을 담은 전통적인 '샤넬 스타일' 슈트에 토슈즈를 신은 자하로바의 고혹적인 자태가 돋보이는 사진이 배포되었다.

국제 무대에서 이 작품은 샤넬의 일대기를 단순하게 선형적으로 그리며 아름답게만 윤색했다는 부정적 비평이 우세했다. 이미 잘 알려진 그녀의 어두운 면, 즉 2차 세계대전 당시의 나치 부역 활동이나 약물 파티와 같은 비밀스러운 삶은 전혀 다루지 않았기에 단조로웠고, 샤넬의 스타일리시한 의상과 자하로바의 뛰어난 발레 테크닉만이 화제가 되었다고 평가되었다.

그렇다면 내한 공연은 국내 관객에게 호평을 받았을까. 아쉽게도 그럴 기회조차 없었다. 기획사는 일간지, 패션 잡지, 방송 등 전방위적으로 대대적인 홍보를 벌였고 대중은 샤넬 그 자체로 변신한 자하로바의 이미지에 열광했다. 그러나 때마침 러시아의 우크라이나 침공으로 인해 러시아에 대한 부정적 여론이 급격히 높아지면서 공연은 취소되었다. 자하로바가 친푸틴 성향의 발레리나로 알려진 것이다. 언론은 자하로바의 이름 앞에 '푸틴의 발레리나'라는 수식어를 쓰며, 〈모댄스〉의 내한 공연 취소 기사를 앞다투어 내보냈다.

그 옛날 카트린 드 메디치 시절부터 발레는 정치에서 시작되었지만, 발레와 정치는 오늘날에도 분리되지 않는다. 러시아-우크라이나 전쟁은 코로나19 팬데믹을 거치며 침체된 공연계에 닥친 또 다른 악재였다. 발레뿐 아니라 러시아 예술가와 단체들의 공연은 서구 세계에서 반발에 부딪히며 연이어 취소되었다. 이와 관련된 씁쓸한 일화도 있다.

2015년 설립된 'Russian Ballet Theatre(RBT)'는 러시아 발레의 고전적 전통을 보존하는 것을 사명으로 하는 신생 발레단이었다. 로스앤젤레스에 기반을 둔 이 투어링 발레단(주로 순회공연으로 재정을 충당하는 소규모 발레단)은 미국 내 러시아 공연단체의 퇴출이 활발하던 2022년에 〈백조의 호수〉 공연을 앞두고 있었다. 미국 내 분위기는 '러시아'라는 수식어만 붙어도 즉각적인 거부감을 드러낼 정도였다. 발레단의 공연 홍보가 담긴 SNS에는 '러시아 퇴출', '우크라이나를 지지한다'와 같은 해시태그가 달렸고 댓글엔 비방과 설전이 난무했다. 단체로선 당혹스러운 일이었다. 사실 이 단체명의 '러시아'는 현재 국가의 정체성이나 러시아의 지원과는 관련이 없고, 이미 세계화된 러시아 바가노바 교수법을 따르는 다국적 무용수들로 구성된 단체라는 의미였기 때문이다.

부정적 여론이 커지자 연간 투어로 운영되는 신생 발레단으로서는 재정적 타격은 물론 존폐 위기에까지 몰렸다. 발레단은 홈페이지를 통해 전쟁을 반대하는 공식 입장과 함께 소속 단원들의 국적(러시아, 폴란드, 우크라이나, 벨라루스, 일본, 이탈리아, 슬로베니아 등)을 일일이 기재한 단체 사진도 올렸다. 그리고 "9개의 다른 국가가 한 무대에서 아름다움을 창조하는 단결의 살아 있는 본보기"라는 발레단의 의미를 공표했다. 여론이 조금씩 수그러들자 마침내 공연은 성사될 수 있었다.

공연 당일, 무대 커튼 위에는 "We Dance For Peace(우리는 평화를 위해 춤을 춥니다)"라는 문장이 발레단의 로고와 함께 조명으로 각인되었다. 그럼에도 발레단 이름에 '러시아'를 드러내는 것은 부담이었던 것으로 보인다. 정치적 논란의 시간 동안 'Russian Ballet Theatre'라는 공식 명칭 대신 'RBT'라는 약자로만 홍보를 이어 갔고, 현재는 'World Ballet Company'로 발레단 이름을 바꾸고 활동하고 있다.

다시 볼쇼이발레단의 〈모댄스〉로 돌아가 보자. 2019년 초연된 이 발레 작품은 세계적인 간판스타 자하로바와 패션 거물 샤넬의 조합으로 야심 차게 만들어졌지만 팬데믹과 전쟁으로 인해 힘을 잃었다. 런던 콜로세움에서 공연한 뒤로 더 이상 유럽과 북미로 진출하지 못했던 것으로 보인다. 전쟁 이후 러시아 발레단들은 서구권으로의 진출이 막히자 러시아에 우호적인 주변 국가와 아시아를 공략하며 활로를 모색했다. 국내에도 〈모댄스〉 외 이례적으로 정상급 러시아 발레단의 갈라 공연 소식이 들려왔으나 무산되었고, 이제는 반기지 않는 분위기가 더욱 굳어졌다.

도무지 결별하기 힘든 발레와 정치는 오늘도 현재진행형이다.

도시에서 발레 스텝을

　폭넓은 연령대에서 여성들에게 오랫동안 많은 인기를 누리고 있는 구두가 있다. 일명 발레리나 슈즈 혹은 발레 플랫 슈즈. 신으면 마치 발레 스텝을 밟을 수도 있을 것 같은 이 가벼운 슈즈는 분홍색 발레 연습용 슈즈에서 착안된 것으로, 낮은 굽에 부드러운 가죽 재질로 되어 있어 착용 시의 편안함이 최대 장점으로 꼽힌다. 해외 명품부터 국내 캐주얼 브랜드까지 유사한 제품을 쏟아 내며 전 세계적으로 소비되는 이 발레 플랫은 미적인 측면과 실용성을 겸비함으로써 오늘날 하이힐의 대척점에 있는 여성 구두의 대명사가 되었다.

　그렇다면 이 슈즈는 어디에서 유래되었으며 어떻게 탄생했을까? 언뜻 보면 흔한 발레 슈즈의 이미지에서 모티프를 가져온 현대의 패션 아이템 정도로 생각할 수도 있겠지만, 이 슈즈의 탄생에는 좀 더 깊은 발레의 미학과 역사가 깃들어 있다.

　플랫 슈즈의 원조는 프랑스 발레용품 회사인 레페토(Repetto)에서 찾을 수 있다. 시작은 아들을 생각하는 평범한 엄마의 마음이었다. 프랑스 현대발레의 거장 롤랑 프티(Roland Petit)[12]의 어머니인 로즈 레페토(Rose Repetto)는 1947년 파리 오페라 극장 근처의 작은 공방에서 춤을 연습할 때 발의 불편함을 호소하는 아들을 위해 편한 발레 슈즈와 토 슈즈를 만들기 시작했다. 수작업으로 정교하게 생산된 슈즈는 마치 장갑처럼 발에 꼭 맞았고 내구성 또한 뛰어났다. 레페토 발레 슈즈는 당시 파리오페라발레 단원들에게 '마법의 신발'이라고 불리며 즉각적인 인기를 얻었다. 롤랑 프티의 친구이자 세계적인 무용가, 루돌프 누레예프와 모리스 베자르도 이 슈즈를 신었다.

무용가 아들의 영향으로 프로 무용수의 '편안함'에 가장 중점을 두었던 초창기 레페토는 발레 슈즈뿐만 아니라 다른 분야까지 제품의 영역을 크게 확장한다. 바로 프랑스 여배우 브리지트 바르도에 의해 세계적 명성을 얻는 계기를 맞이한 것이다.

---

12) 파리오페라발레 출신인 롤랑 프티(1924~2011)는 프랑스의 대표적인 현대발레 무용수이자 안무가로, 판타지와 현실을 적절히 섞은 내러티브와 연극적 효과가 뛰어난 작품으로 호평을 받았다. 앞서 언급했던 영화 〈백야〉의 첫 장면에도 롤랑 프티의 대표작, 〈젊은이와 죽음〉이 등장한다.

최초의 레페토 광고 ⓒ레페토 홈페이지

1956년 영화 〈그리고 신은 여자를 창조했다(Et Dieu créa la femme)〉의 출연을 앞두고 바르도는 로즈 레페토에게 레페토의 발레 슈즈를 닮은 우아하고 편안한 구두를 제작해 달라고 요청했다. 이는 전문 발레 슈즈의 상용화인 일명 '시티 버전'이 탄생하는 순간이었다.

로즈 레페토가 바르도를 위해 제작한 붉은색 신데렐라 발레 플랫(La Ballerin Cendrillon)은 영화를 통해 대중에게 소개되었다. 스크린 속 바르도의 발레 플랫은 그녀의 관능적 이미지에 더욱 자유분방하고 활기찬 도시의 여성상을 더하는 데 일조하였기에, 이내 플랫 슈즈는 젊은 여성들에게 폭발적인 인기를 모았다. 이러한 대중적 인기로 인해 수많은 타 브랜드에서도 유사한 모양의 구두를 대량으로 생산했고, 오늘날 발레 플랫은 코가 둥글고 굽이 낮은 편안한 여성 구두를 지칭하는 보편적인 이름이 되었다.

발레 플랫이라고 해서 여성에게만 국한되는 것도 아니다. 최근, 패션계의 '젠더 플루이드(genderfluid, 성 정체성이 유동적으로 전환되는 것)' 현상에 힘입어 등장한 남성용 발레 플랫은 여성성의 경계를 넘나든다는 정치적 의미를 부여하지만, 그 근간에는 아들을 향한 로즈 레페토의 초심, '실용적인 편안함'이 굳게 자리하고 있다.

바르도의 신데렐라 발레 플랫과 토슈즈 이미지 포스터 ⓒ레페토 홈페이지

2013년 마침내 국립발레단이 '춤의 마술사' 롤랑 프티의 수작들을 국내 초연했을 때, 레페토가 후원사로서 극장 로비를 장식한 것은 지극히 당연한 모습이었다. 그리고 이후에도 꾸준한 후원과 사회 공헌 사업으로 발레에 대한 사랑을 전하고 있다.

발레리나 같은 보석으로

네잎클로버 모양의 우아한 디자인으로 국내에서도 많은 사랑을 받는 주얼리 브랜드 반클리프 아펠(이하 반클리프) 역시 지난 수년간 국립발레단을 공식적으로 후원해 왔다. 특히 조지 발란신의 〈주얼스〉를 초연하며 작품의 영감이 되었던 반클리프와의 인연을 소개했을 때 일반 발레 애호가들에게 브랜드 이미지는 더 각별하게 다가왔을 것이다('발레_음악을 보다' 장 참조).

보석에 얽힌 발레의 제작 비화로 발란신과 반클리프는 동시에 스포트라이트를 받았지만, 사실 반클리프는 이전부터 꾸준히 발레에 대한 사랑과 헌신을 실천하고 있었다.

〈주얼스〉의 구상 과정에서 발란신과 친교를 맺었던 클로드 아펠의 삼촌 루이 아펠은 1920년대 열렬한 발레 애호가로 발레와 인연을 맺었으며, 자신의 부티크와 인접한 오페라 가르니에 극장에서 조카 클로드와 함께 종종 발레 공연의 관람을 즐겼다고 알려져 있다.

1940년대 초, 루이 아펠의 제안으로 탄생한 것이 바로 오늘날까지 생산되는 'Ballet Précieux' 컬렉션이다. '고귀한 발레'라는 의미의 이 컬렉션은 각종 보석으로 세공한 발레리나의 형상을 고급 브로치, 목걸이, 시계 등으로 제작한 것으로, 발레에 대한 아펠 집안의 각별한 사랑을 상징적으로 보여 준다. 이 컬렉션이 더욱 의미 있는 이유는 단지 동시대 발레리나의 외형을 아름답게 형상화한 것만이 아니라 사료 속 인물과 작품에 대한 진정한 오마주를 표현하기 때문이다. 대표적인 예로 발레 혁신을 이룬 18세기 무용수 마리 카마르고와 20세기의 전설적인 발레리나 안나 파블로바가 있다.

18세기 파리오페라발레의 수석 발레리나인 마리 카마르고(Marie Camargo, 1710~1770)는 궁정 발레의 잔재인 굽 높은 구두와 육중한 드레스 대신 낮은 슬리퍼와 종아리까지 드러나는 짧은 스커트를 입고 무대에 올라 큰 반향을 일으켰다. 이 시기는 아직 발끝으로 설 수 있는 토슈즈가 개발되기 이전이지만 발레 슈즈의 굽이 점점 낮아져 사라지게 되는 과도기임을 암시한다.

낮은 굽과 발목이 드러나는 스커트를 선보인 카마르고의 시도는 발

반클리프 발레 클립 갤러리

마리 카마르고 ©The New York Public Library

레 테크닉 측면에서 주목할 만한 혁신이었다. 발과 다리의 가동 범위를 좀 더 자유롭게 확보하면서 다양한 동작을 가능케 했던 것이다. 카마르고의 진취적인 시도는 앙트르샤 꺄트르[13]와 카브리올[14] 같은 정교하고 역동적인 발레 스텝으로 확장되고 진화하였고, 이로 인한 표현의 확대는 대중적으로 큰 인기를 가져왔다. 교본과 각본에 엄격한 발레 공연에서 용감하게 즉흥을 선보이기도 했으며, 춤에 남성적인 힘과 속도를 부여함으로써 그 시대 속 고정된 여성성에 도전하고 표현적 영역을 크게 확장시켰던 것이다.

반클리프 컬렉션의 모티프가 된 또 다른 발레리나는 안나 파블로바 (Anna Pavlova, 1881~1931)이다. 〈빈사의 백조〉로 널리 알려진 20세기 발레리나의 대명사 파블로바 역시 발레사에서 혁신적 인물로 손꼽힌다. 프티파가 이끄는 러시아 황실 발레에서 수학하고 수석 무용수로 활동한 파블로바는 당시 작고 아담한 체구를 선호하던 발레리나의 기준

---

13) '실을 짜다' 혹은 '실을 땋다'라는 의미를 지닌 용어로, 공중에서 뛰어올라 다리를 곧게 모은 채 앞뒤로 빠르게 교차하는 스텝을 의미한다.
14) 다리를 공중에서 빠르게 부딪히는 스텝으로, 한쪽 다리를 공중으로 던지고 아래 다리가 뒤따르며 첫 번째 다리에 부딪혀 더 높이 뻗은 다음 착지한다. '활기찬 점프'라는 의미에서 유래되었으며 다양한 높이로 가볍고 역동적인 느낌을 표현하는 스텝이다.

에서 벗어나 있었다. 하지만 심한 아치형의 연약한 발과 상대적으로 긴 팔다리는 교본을 벗어난 움직임을 곧잘 선보이곤 했다. 황실 발레에서 파블로바는 아크로바틱한 동작보다는 개성이 넘치는 표현으로 자신의 장점을 살렸다. 그리고 그 결과 상트페테르부르크에서는 자칭 '파블로바치'라는 광적인 팬층이 형성될 정도로 발레리나로서 사랑받았다.

20세기로 넘어가며 파블로바는 현대적인 행보에 합류한다. 훗날 발레 뤼스의 초대 안무가가 되는 미하일 포킨과의 만남은 파블로바의 페르소나인 '백조'를 탄생시켰다. 1905년 포킨은 파블로바를 위해 카미유 생상스의 곡 〈동물의 사육제〉 중 〈백조〉로 약 4분 길이의 솔로 춤을 안무했다. 〈빈사의 백조〉로 알려진 이 발레 작품은 죽어 가는 백조의 마지막 모습을 묘사한 것으로 연약하고 처연한 파블로바의 표현력이 압권이었다. 파블로바는 무려 4,000회 이상의 공연을 통해 작품의 인기를 입증했으며, 〈빈사의 백조〉는 오늘날에도 대체 불가능한 파블로바의 상징 그 자체로 남아 있다. 〈빈사의 백조〉에 담긴 사실적인 몸짓에 체화된 깊이 있는 비애는 20세기 〈백조의 호수〉 속 오데트에 대한 표현의 확장에도 영감을 주었다. 비극적인 백조의 운명을 해석하는 방식이 더욱 확대된 것이다.

포킨과 성공적인 작품을 선보인 후 파블로바는 발레 뤼스와도 잠시 인연을 맺었지만 오래가진 않았다. 혁신을 추구하는 발레 뤼스의 성향과 달리 파블로바는 표현성을 강조한 움직임으로 고전적인 춤에 생명력을 불어넣는 것에 더 관심을 기울였기 때문이다. 그리하여 남성 안무가가 주축인 발레 뤼스를 떠나 자신만의 작은 무용단을 만들어 발레를 전 세계에 알리는 데 힘을 쏟으며, 안무가이자 발레리나로서의 삶을 적극적으로 개척해 나갔다. 파블로바의 혁신은 바로 이 점에 있다. 파블로바발레단의 세계 순회공연은 가까운 유럽뿐만 아니라 일본, 인도, 중국 등 아시아를 포함하여 남미까지 이루어지면서 많은 사람이 발레를 경험하고 꿈꿀 수 있게 했다.

이처럼 예술적 의미를 되새길 수 있는 역사 속 인물들이 반클리프의 작품으로 제작되었으며, 〈라 실피드〉, 〈백조의 호수〉, 〈호두까기인형〉 등 많은 고전발레의 명작들은 끊임없는 보석의 영감이 되었다. 모든 제품에는 발레에 내재한 리듬, 그리고 섬세한 선과 움직임이 주는 예술성이 반영되어 아름다움 그 너머의 깊이를 더했다.

발란신과의 만남이 화제가 된 후 발레 〈주얼스〉가 이 컬렉션에 포함되는 것은 당연했다. 'Ballet Précieux' 컬렉션을 통해 에메랄드, 루비, 다이아몬드가 촘촘히 박힌 의상에 역동적인 포즈를 선보이는 발레리나 브로치들은 오래전부터 발란신의 발레를 연상시키기에 충분했다.

2021년에는 새로운 컬렉션으로 발란신의 〈주얼스〉가 다시 대중에게 찾아왔다. 바로 '레이디 아펠 발레린 뮤지컬 시계(The Lady Arpels Ballerines Musicales Watch)'이라는 여성용 손목시계 컬렉션이다. 이 라인은 발레에 대한 또 하나의 오마주로 〈주얼스〉의 컬러와 음악적 테마를 반영했다. 기본적으로 시계 패널에는 세 가지 보석의 컬러와 프랑스, 미국, 러시아로 상징화된 발레의 움직임을 담았다. 그리고 뮤지컬 시계라는 이름에 걸맞게 오르골을 조합하여 음악 연주에 맞추어 움직이는 발레리나를 볼 수 있는 것이 특징이다. 작은 버튼을 누르면 손목 위에서 커튼이 열리며 작은 무대가 실현되는 장면을 목격할 수 있다.

반클리프의 발레리나 뮤지컬 시계 제작 영상

또한 세 가지 테마로 만들어지는 시계 장인들의 섬세하고 혁신적인 제작 과정까지 '예술적으로' 영상화되어 춤이 주는 영감을 시각적으로 공유했다.

앞서 소개한 플랫 슈즈와는 달리, 보석으로 세공된 반클리프 발레 컬렉션은 오트 쿠튀르에 자주 등장할 법한 고가의 명품이기에 일반인들이 일상에서 선뜻 소비하기란 쉽지 않다. 하지만 발레와 보석에서 오랜 시간과 노력이 드는 '열정, 창의성, 장인 정신'이라는 접점을 찾고, 발레를 통해 '영속적인 고전'의 가치를 확장하려는 기업의 꾸준한 노력은 일상에서 예술의 선순환 사업으로 가시화된다.

발레를 향한 변함없는 사랑을 기반으로 반클리프는 국립발레단뿐만 아니라 오랜 기간 동서양을 가리지 않고 세계 유수 발레단의 후원사로 적극 참여해 왔다. 또한 2020년부터는 미국에서 〈반클리프 아펠의 댄스 리플렉션(Dance Reflections by Van Cleef & Arpels)〉이라는 새로운 예술 후원 프로그램을 주관해 오고 있다.

이 프로그램은 1960년대 조지 발란신과의 만남, 벵자맹 밀피예의 무용단 LA Dance Project[15]와의 파트너십, 전 세계 많은 발레단 및 오페라단과의 협업, 페도라-반클리프 아펠 발레상 제정[16] 등 동서양을 넘나들며 이어 온 다양한 교류의 역사를 바탕으로 동시대 작품과 새로운 안무에 대한 지원을 목적으로 한다. "안무 유산과 현대적 창의성을 지원하고 가능한 한 많은 사람과 예술 세계를 공유"하고자 하는 프로그램 취지에서 감지할 수 있듯, 고전에 머무르지 않고 동시대를 이어 '창작, 전승, 교육'의 가치를 확산시키고자 하는 경영의 미래지향적 자세가 엿보이는 행보이다.

---

15) 프랑스 출신으로 뉴욕시티발레단의 수석 무용수를 역임한 벵자맹 밀피예는 국내에선 나탈리 포트만 주연의 영화 〈블랙 스완〉을 통해 잘 알려져 있다. LA Dance Project는 밀피예가 2011년 뉴욕시티발레단을 은퇴한 후 로스앤젤레스 다운타운을 거점으로 설립한 무용단이다.

16) 페도라 자선 커뮤니티와 파트너십을 맺고 2015년 제정된 이 상(Fedora-Van Cleef & Arpels Prize for Ballet)은 안무 분야의 혁신을 지원하기 위해 만들어졌다. 새로운 안무작의 독창성과 우수성에 중점을 두고 있으며 매년 한 작품을 선정하여 시상한다.

참고한 자료들

Balletcore: A Look Back at How Designers Have Been Inspired by Dance. https://www.vogue.com/article/balletcore-a-look-back-at-how-designers-have-been-inspired-by-dance.

Ballerina: Fashion's Modern Muse. https://www.fitnyc.edu/museum/exhibitions/ballerina.php.

Lady Arpels Ballerines Musicales collection: discover the story behind these remarkable creations. https://www.youtube.com/watch?v=Zkg_wX4Y84U.

LA Dance Project 홈페이지. https://ladanceproject.org.

Beyond Ballet

VII.

발레 : : 한국의 미 (美)를 수놓다

K-컬처의 시대

예술도 어느덧 'K'의 시대다. 그 시작은 '한류'였다. 2000년대 들어 가요와 드라마 등 대중문화를 중심으로 확장된 '한류'는 한국을 의미하는 'K'라는 접두어와 만났고, 한국의 대중문화는 어느새 K-팝, K-드라마로 명명되었다. 이는 아시아를 넘어 세계로 뻗어 나간 우리 문화의 위상과 자부심을 짐작하게 한다. 오늘날 K의 영역은 무궁무진하다 할 정도로 거의 모든 문화, 혹은 문화 현상에 적용되고 있다. 이른바 K-컬처(K-Culture)의 시대가 도래한 것이다.

기초예술[17] 분야 또한 예외가 아니다. K-컬처의 시작은 대중문화였지만 오늘날 공연계에서는 K-클래식, K-발레 또한 익숙하다. 공연예술계의 K 현상은 최근 10년간 한국 예술가들의 국제적인 활동과 수상

---

17) 기초예술이란 무용, 음악, 연극 등의 공연예술, 회화와 조각 등 전시예술 그리고 문학을 포함하는 좁은 의미이자 전통적 의미의 예술을 의미한다. 지금까지 순수예술이란 용어로 더 많이 쓰이기도 했지만 '순수/비순수' 혹은 고급/저급의 가치 기준에 대한 논란이 있어 왔다. 이에 반해 모든 예술, 문화의 바탕이 된다는 의미에서 등장한 '기초예술'은 하나의 가치에 안주하지 않고 출발점이 된다는 의미를 담고 있으며 주로 공공문화정책에서 사용된다.

에 힘입은 결과이며, 언론에서는 이러한 현상을 'K-아트', '예술한류', '공연한류'의 성과라 칭하기도 한다. 무용 분야에서 한국 발레의 세계적인 활약은 가히 독보적이라고 할 수 있다.

기초예술과 관련되어 확장된 정책도 주목할 만하다. 문화체육관광부는 전 세계에 K-컬처를 확실하게 각인시킨다는 목표로 2024년 정책 추진계획을 발표한 바 있다. 여기에는 글로벌 신문화 전략이자 새로운 K-컬처의 원동력으로 기초예술을 포함한다.

과거 올림픽과 같은 국제적 행사에서 예술이 홍보 대사로 중추적 역할을 담당해 왔던 것처럼, 2024 파리 올림픽을 맞아 '예술한류'와 'K-아트', 'K-공연'이 반영된 〈파리 올림픽 계기 K-컬처 프로젝트〉도 시행하였다. 현지 '2024 코리아시즌' 홍보를 위해 국립발레단 등 국립단체들이 빠짐없이 참가하여 한국 문화를 세계에 알리는 데 주력했으며, 여기서 국립발레단은 〈대한민국 국립발레단 스페셜 갈라〉 공연을 통해 발레로 세계와 소통하는 시간을 마련했다.

문화교류와 홍보 목적이 뚜렷한 만큼 공연 레퍼토리도 클래식과 창작발레가 고루 섞였다. 고전의 진수 〈백조의 호수〉 중 흑조 그랑 파드되부터 국립발레단 송정빈이 재안무한 〈해적〉 파드 트루아, 강효형 안무의 〈호이 랑〉, 이영철 안무의 〈계절, 봄〉 등이 선보였다. 특히 우리의 클래식, 우리의 창작과 같이 '우리' 즉, '한국인' 혹은 '한국인에 의한'이 중요시되는 구성이었다.

서양의 고전 예술인 발레를 통해 한국을 알리는 방법은 여러 가지가 있다. 한국 무용수의 국제발레콩쿠르 입상과 가시적인 성과는 물론이거니와 한국 무용수가 춤추는 클래식 발레, 한국인이 재안무한 클래식 발레, 한국 안무가가 새롭게 창작한 발레 등 다양한 작업을 통해 발레는 지역적·국가적 색채를 투영해 왔다. 국가가 지원하는 '국립' 발레단의 존재는 발레의 태생적 성격과 상통하기에 그 역사가 깊고, 오늘날에는 동서양을 넘어 '보편적'으로 여겨지는 모습이기도 하다.

그렇다면 '우리의 발레', '한국적인 발레', 'K-발레'는 무엇이고, 어떻게 성장해 왔을까? 이런 물음과 함께 발레에 담긴 한국의 모습과 그 작품의 진화를 들여다본다.

'우리의 것'을 꿈꾸며

한국에는 발레가 어떻게 도입되었을까?

르네상스와 바로크 시대를 관통하는 서양 무용사 속 발레가 고전 혹은 전통의 위상을 지닌 것과는 달리, 한국 발레의 역사는 일제 강점기 시대와 함께하면서 제국주의 '모던' 문화와 함께 성장했다. 한국 사회에서 발레라는 용어와 작품 활동이 등장하기 시작한 건 바로 세기말 해외 교류 속 외국인들과 배구자, 조택원, 진수방, 정지수 등 신무용기[18] 한국 무용가들에 의해서였기 때문이다.

19세기 말 서구 문물이 유입되면서 국내 공연장에는 외국인들에 의해 서양의 춤이 소개되었고, 언론의 기사나 이미지를 통해서도 발레(혹은 바-레)가 서양의 춤으로 소개되기도 했다. 〈빈사의 백조〉로 세계적인 주목을 받고 있었던 안나 파블로바가 당시 국내 언론에까지 등장한 점도 흥미롭다. 기사는 〈세계 제일의 무도가〉라는 제목으로, "무도의

---

18) 일제 강점기였던 1926년, 일본 근대무용의 개척자로 알려진 무용가 이시이 바쿠의 경성 공연을 계기로 국내에 새로운 외국 춤 경향이 유입되었으며, 이에 영향을 받아 최승희, 조택원, 배구자 등이 이끈 춤 문화를 '신무용'이라고 일컫는다.

기술은 자리로 러시아가 세계 으뜸"이라는 내용을 담아 파블로바의 런던 활약상을 전한 것을 보면 가히 파블로바의 세계적 인기를 짐작하게 한다.

한편으로는 배구자, 조택원, 정지수 등 우리 무용가들이 국내 대중에게 발레 공연을 선보였다. 일본 유학파인 이들은 일본에서 서양식 춤을 경험한 사람들이며, 고국에서 '발레'라는 명칭으로 여러 작품을 무대에 올렸다. 그러나 당시의 발레가 오늘날의 모습과 같다고 하긴 힘들다. 작품 대부분이 전통적인 서구 발레 레퍼토리를 재현했다기보다는 발레의 초보적인 기법, 스텝, 분위기 등을 보여 주는 정도였고, 한국적인 소재와 접목하여 장르의 구분이 모호한 예도 있었다. 언론 역시도 발레에 대한 정확한 인식이 부족했다. 발레에 대한 정보가 부족했기에 막연히 '서구 고전 춤'이라고 언급하거나 '무도', '무용극'이라는 용어와 혼용해 쓰는 경우도 빈번했다.

비록 예술적 체계나 완성도는 갖추지 못했지만, 유학파들의 단발적인 활동이 이어지는 속에서 한국 발레는 싹을 틔워 나갔다. 그중 한국 발레사에서 주목할 만한 인물이 등장하는 데 그는 바로 한동인이다.

한동인 역시 일제 강점기 때 활동한 무용가였다. 그는 한국에서 공연을 종종 가졌던 엘리아나 파블로바[19]의 발레에 깊은 인상을 받았고, 그 뒤 일본으로 유학을 떠나 그녀의 제자가 되었다. 엘리아나 파블로바는 상트페테르부르크 태생으로 러시아 혁명으로 고국을 떠나 해외에서 표류하던 중 일본에 정착했다. 엘리아나는 1927년 일본 가마쿠라시에 발레 스튜디오를 열면서 일본에 클래식 발레의 뿌리를 확립한 인물로 알려져 있다.[20] 엘리아나에게 전문적인 발레 교육을 받고 귀국한 한동인의 행보는 국내에 본격적으로 전통적인 러시아식 발레가 유입됨을 시사한다.

한동인은 해방과 함께 1946년 서울발레단을 창립하여 정기 공연을 통해 발레에 주력하는 활동을 전개했다. 해마다 선보인 정기 공연의 레퍼토리 또한 다양했다. 〈레 실피드〉, 〈호두까기인형〉, 〈장미의 정〉 등 클

---

19) 엘리아나 파블로바는 안나 파블로바와는 다른 인물이다. 엘리아나는 안나 파블로바의 제자로 알려졌으며 여러 번의 내한 공연을 통해 국내에 러시아식 발레를 선보였다. 반면, 세계적인 명성을 떨쳤던 안나 파블로바는 일본에서 순회공연을 한 적은 있으나 한국을 방문한 기록은 없으며 단지 신문 기사로만 그의 활동이 국내에 소개되었다.

20) 일본에서의 공로로 인해 엘리아나 파블로바는 철저히 일본 시민으로 남았다. 1941년 일본군의 사기진작을 위한 해외 방문 중 질병으로 사망했기에 제국주의에 공헌한 공로를 인정받아 현재 야스쿠니 신사에 안치되었다고 전해진다. 파블로바의 스튜디오가 있던 자리에는 "일본 발레의 고향"이라는 기념비가 세워져 있다.

래식 작품과 〈꿩〉, 〈사신과 소녀〉, 〈민족의 피〉 등 한국적 창작발레 작품도 다양하게 무대에 올렸다.

그러나 한동인의 활동은 오래가지 못했다. 1950년 한국전쟁이 발발하여 혼란한 시기에 월북했기 때문이다. 그것이 자진 월북인지 강제 납북이었는지는 여전히 분명치 않으나, 이후 북한에서 예술 활동을 이어 나감에 따라 국내에서 그의 생애나 업적에 대한 논의는 제한적으로 남았다. 비록 그의 선구자적 행보는 국내에서 계속되지 못했지만, 한동인이 보여 준 활동에 힘입어 그 계보를 잇는 제자들이 있었으며 그들은 한국전쟁 후 우리의 발레를 개척하는 데 힘을 쏟았다.

그중에는 한국 발레의 대부이자 국립발레단 초대 단장 임성남이 있었다. 해방 후 한동인의 서울발레단에서 발레를 경험했던 임성남은 일본으로 유학하여 전문적인 발레 교육을 받았고 현지 발레단의 주역으로 활동하였다. 그리고 한국에 돌아와 '임성남 발레단'을 조직하고, 뒤이어 국립발레단을 창설하며 한국 발레를 개척하는 데 일생을 바쳤다. 그의 업적은 국립발레단을 통해 잘 드러난다.

임성남은 1960년 9월 21일 《조선일보(석간)》 논단을 통해 국립발레단의 필요성을 다음과 같이 역설했다. 이는 종합예술로서의 발레에 대한 분명한 인식과 공적 지원의 중요성이 강조된 글로, 그의 경험과 열정이 묻어 있는 소중한 자료이다.

〈국립발레단의 창설〉

때때로 명동을 지나가려면 소위 국립극장과 시공관의 2개 극장 문패가 나란히 붙어 있는 것을 보고 묘한 감정이 든다.

'가난한 우리나라는 할 수 없구나' 하는 체념이 들기도 하고 또 우리나라의 문화정책이 국립극장의 위신 하나 제대로 세우지도 못하고 저처럼 피상성과 굴열성을 나타내고 있다는 점에 슬며시 의분을 느끼기도 한다.

발레는 원래 우수한 무용수의 집단과 음악 및 미술 등 매매예술의 협조와 무대상의 일절의 기구가 충실히 갖추어져야만 그 본래적인 미를 비로소 표현할 수 있는 예술이며 그러기에 확고한 재정적 기반이 있어야 된다.

외국의 예를 미루어 보더라도 영국은 왕실에서 직접 발레단을 관할하고 있고 불란서는 국립극장인 오페라좌에 발레단을 두고 있으며 그 밖의 구미 제국이 국가 또는 시 자체가 발레단을 육성·운영하고 있다. 그

200

런데 우리나라의 국립극장은 오늘날까지 연극이 중심이 되고 오페라에도 막대한 경비를 들여서 상연을 뒷받침하였지만 유독 발레(무용)는 결과적으로 단 한 번도 국가적인 혜택을 입어 본 적이 없다.

이러한 현상을 단순히 국가 자체의 재정적 빈곤에 기인한다고만 생각해야 될 것인가? 불우한 사회적 조건과 보장 없는 생활(예술가로서) 속에서도 이 땅에 뿌려진 발레의 씨를 키워 가려고 무용인들은 심혈을 경주하고 있으나 오늘날까지 허다한 인재들이 현실적인 고충을 헤쳐 갈 길이 없어 결국은 단념하고 마는 비극이 수없이 되풀이되어 왔다.

그런데 국립극장이 이것을 방관하면 누가 쓰러져 가는 발레를 살릴 수 있단 말인가? 모든 무대예술 발전의 모체가 될 국립극장이 유독 무용만을 제쳐 놓은 것은 이해할 수 없는 처사가 아닐 수 없다. 이제 제2공화국의 새로운 문화정책의 일환으로서 혁신적인 국립극장의 운영이 있을 것으로 기대되지만 본격적인 운영과 권위를 위하여 국립극장 안에 전속 발레단을 설치하고 아울러 신인 양성을 위한 부설기관을 두어 발레의 전통을 육성할 것을 제언하는 바이다. 그렇게 하는 것만이 위기에 선 무용계를 구하는 유일한 길인 것이다.[21]

임성남의 바람은 현실이 되었다. 그는 1962년 한국무용가 송범과 함께 국립무용단을 창단하여 한국무용과 발레가 양립하는 체제를 이끌었고, 1974년에는 국립발레단(KNB)으로 독립하여 초대 국립발레단 단장을 역임했다. 격동의 역사와 척박한 환경을 딛고 비로소 한국 최초의 공공 직업발레단이 탄생한 것이다.

---

21) 원활한 의미 전달과 가독성을 위해 한자어와 병용된 옛 문체를 오늘날의 문체로 일부 수정하였다. 의미 변경이나 오역은 없으며 원문은 당시 신문 기사를 참조하길 바란다.

'우리의 것'을 더 높이, 더 멀리

오늘날 발레 애호가들은 국립발레단과 함께 또 하나의 대형 발레단을 쉽게 떠올린다. 바로 유니버설발레단(UBC)이다. 흔히 '한국의 양대 발레단'이라고 표현되는 이 두 발레단은 한국 발레가 발전하는 데 기둥과도 같은 역할을 했다. 국립발레단이 국가적 지원을 받는 대표 단체라면, 1984년 창단한 유니버설발레단은 한국 최초의 민간 직업발레단으로 정체성을 확립하며 입지를 굳게 다졌다. 두 단체가 보여 준 적극적 활동과 선의의 경쟁은 한국 발레의 수준이 세계적으로 발돋움하는 데 큰 기여를 했다.

국립발레단의 설립 배경과 형성 과정이 한국 근대사의 역동을 반영한다면, 유니버설발레단의 설립 이후 두 발레단의 확장은 '세계화'라는 시대적 담론으로 조명해 볼 수 있다. 이른바 '가장 한국적인 것이 가장 세계적인 것'이라는 20세기 말 사회문화적 명제가 발레에도 스며들었던 것이다. 그리고 21세기에는 한류에 이어 K-컬처의 부상 속에서 한국 발레는 다시금 '한국'의 정체성을 담은 'K-발레'로 대중에게 다가왔다.

민간 발레단으로 출발한 유니버설발레단은 그 규모와 운영 면에서도 뛰어났다. 창단 당시부터 외국인 예술감독을 초빙하여 체계적인 교수법으로 기반을 다졌고, 해외 교류와 순회공연을 통해 발레단을 성장시켰으며, 나아가 한국 발레의 수준을 향상하는 데 큰 노력을 기울였다. 또한 발레단 초기 시절부터 외국인 무용수를 고용하고 한국적인 창작 발레를 제작하며 국외로 나아갈 기반을 다졌다.

오늘날 유니버설발레단의 대표작 〈심청〉에 늘 따라붙는 수식어는 바로 '발레 한류의 원조'이다. 이는 곧 한국 발레의 발전사에서 부단히 언급되어 온 '우리 발레', '한국적 발레(Korean Style, Koreanized)', '발레의 한국화' 혹은 '한국 발레의 세계화'라는 과업들과도 연결된다. 이러한 수식어와 명제들은 국내 무용계와 비평, 일간지 등을 통해 확장되었는데 그 배경은 크게 다르지 않다. 우선 '한국적', '한국화'라는 표현은 '외국'이라는 상대를 전제로 한다.

'우리'라는 개념이 '복수의 타자'를 전제로 하듯, 한국적 발레 만들기의 궁극적인 목표는 국내 관객, 국내 내수용에 머물지 않고 외국 관객, 해외 시장까지 염두에 두고 있다는 점에서 이미 세계화의 의미를 내포하고 있다. 이러한 경향은 한국적인 것으로 세계를 공략하고자 했던 전

〈심청〉 중 인당수 장면 ©유니버설발레단

략이 우리 전통춤이 아닌 발레에서도 활용되고 있음을 시사한다.

그렇다면 〈심청〉의 예와 같이 한국과 발레가 결합한 발레 한류, K-발레 담론의 근원은 어디에서 왔으며 어떻게 진화되고 있을까?

한국 발레는 일찍이 세계화에 관심을 기울였다. 발레 한류나 K-발레는 세계화를 추구하는 한류의 맥락에서 파생된 21세기 용어이지만, 발레라는 서양 예술에 한국 혹은 전통의 의미를 부여하는 세계화 담론이 등장한 것은 이보다 훨씬 이전이었다.

앞서 언급한 바와 같이 신무용기 무용가들의 발레 작품 속에 한국적인 어떤 것을 결합하려는 시도는 일제 강점기 시대부터 있었기에 그 역사로만 보면 1세기가 넘는다. 발레는 무용극이라는 의미로 통용되던 경우도 많았고, 당시 발레 작품이 오늘날 보존되지는 못했지만 〈아리랑〉, 〈학〉, 〈민족의 피〉, 〈꿩〉, 〈비단 가마〉 등의 작품명에서 미루어 보면 어떤 식으로든 한국적인 색채가 깃들어 있었을 것이라 짐작된다.

또한 한국무용과 발레가 공존했던 1960년대 국립무용단 시절, 그리고 1970년대 국립발레단 창단 이후 발레단 내에서도 우리의 것(전통, 민족, 미학 등)을 발레로 표현하고자 한 한국적 창작발레 안무는 지속해서 이어져 왔다. 1974년 임성남의 안무로 국립발레단이 선보인 〈지귀의 꿈〉은 국립발레단으로 독립한 이후 창작된 첫 발레로 기록되어 있다. 이 작품은 선덕여왕 설화를 바탕으로 민족성과 사상을 반영했는데, 한국 전통 춤사위를 활용해 발레와 접목하고자 한 노력이 뚜렷했다.

1970년대까지 한국적 발레의 창작이 무용가 개인, 혹은 단체를 중심으로 이루어졌다면 1980년대로 접어들면서 무용계는 큰 변화를 맞았다. 발레 창작 작업이 국가 주도 문화정책의 영향을 받게 된 것이다. 변화의 배경에는 급격히 늘어난 제5공화국 문화정책과 함께 86아시안게임, 88올림픽과 같은 대규모 국제 스포츠 행사 개최가 있었다.

전두환 정권의 제5공화국은 경제성장에만 몰두하던 시대에서 벗어나 문화에 관한 중장기 계획을 네 번이나 발표하며 정부의 관심과 지원을 확대했다. 계획의 주안점은 민족을 근간으로 하는 문화 주체성 강조와 전 국민이 예술을 향유할 수 있는 문화시설의 확충에 있었다. 이러한 정책과 지원 확대의 배경에는 경제성장으로 인한 예산 규모 증가, 국민들의 문화에 대한 요구 증대가 있으며, 한편으로는 정당성을 확보하지 못한 군사 정권이 스포츠와 예술을 통해 우민 정책을 의도적으로 시행한 것이라는 비판도 존재한다.

이어서 1987년 노태우 대통령이 정권을 잡은 이후에도 서울 올림픽 개최를 앞두고 많은 문화정책이 시행되었다. 경제 발전과 병행하는 문화 발전 및 문화의 국제화를 추구하는 정책 기조가 주류를 이루었다.

아시안게임과 올림픽 같은 국제 스포츠 행사는 한국의 문화예술을 단기간에 널리 홍보하는 데에도 좋은 기회였다. 두 행사와 병행된 문화예술축전은 '문화올림픽'이라는 부제가 붙을 만큼 정부 주도의 대규모 국제행사로 치러졌다. 그 바탕에는 소위 '고요한 아침의 나라', '한국적 민주주의'를 바탕으로 경제를 재건한 한국을 전 세계에 널리 알릴 절호의 기회라는 인식이 깔려 있었다. "서울은 세계로, 세계는 서울로"라는 서울 올림픽 표어에서도 알 수 있듯, 이는 곧 전 세계가 한국 문화를 주목한다는 것이며 한국 문화가 비로소 '전 세계'를 인식하게 되었다는 것이다.

제5공화국은 박정희 정권과 차별을 두면서도 문화예술에서는 유신체제의 근간이었던 '한국적 민주주의'를 계승한 것으로 보인다. 한국적 민주주의란 서구 민주주의의 모방이 아닌 우리의 현실에 맞게 한민족의 전통과 윤리 속에서 민족의 자아를 발견하여 현대에 되살리는 것이며, 전통문화의 개발과 함께 개인보다는 국민 전체의 단결과 총화를 추구하는 유신정권의 기본 이념이었다. 제5공화국 문화정책 역시 전통을 중시하며 '한국적', '민족적' 성향에 대한 천착으로 이어졌기에, 문화예술축전 역시도 정책적으로 가장 한국적인 것, 즉 민족성이 두드러진 작품들에 많은 투자가 이루어졌다. '세계 손님'을 최우선으로 하는 정책 기조상, 전통적인 한국무용뿐만 아니라 발레도 이러한 분위기에 편승했다.

오래전부터 이뤄진 창작발레의 노력을 돌아볼 때 한국적 발레는 "한국적 소재를 가지고 한국인의 정서를 가장 잘 나타내는 발레로 우리 고유의 민족문화 안에 내재되어 있는 '전통'을 포함하는 발레"라는 의미로 수렴된다. 따라서 국제행사에서도 서양의 발레에 한국적 소재나 춤사위, 의상 등이 결합된다면 외국인들에게 더욱 친숙하게 다가갈 가교역할을 할 수 있을 것이라 판단했던 것이다.

이 시기에는 국립발레단의 〈춘향의 사랑〉, 〈왕자호동〉과 유니버설발레단의 〈심청〉을 비롯해, 전국 대학의 동인 발레 단체까지 가세하여 한국적인 소재의 발레를 창작하는 열풍이 불었다. 이처럼 세계에 문을 연

당시 문화정책 속 한국적 발레는 내부적으론 '한국 발레의 세계화'라는 이상을 꿈꾸고 그 토양을 마련했다. 그러나 1980년대 한국적 소재의 작품 대부분은 이후에도 지속해서 공연되지 못했다. 다만 발레단의 초기 역사가 담긴 유니버설발레단의 〈심청〉은 몇 차례 개작을 통해 현재 발레단의 대표 레퍼토리로 정착할 수 있었다.

사실 '세계화(globalization)'라는 용어는 1980년대 한국 문화예술계에선 다소 생소했다. 그러나 올림픽이라는 국제행사를 성공적으로 마친 후 해외여행 자율화가 시행되고 사회적으로도 '국제화'에 대한 대중의 인식과 감각이 한층 높아지던 시기이기도 했다. 이후 '세계화'는 본격적으로 1990년대 문민정부 발전 담론의 핵심 키워드로 등장하며 문화를 포함한 모든 분야에서 한국이 추구해야 하는 국정 목표로 명확하게 설정된다.

세계화는 우리를 '21세기 일류국가' 건설로 이끄는 지름길입니다. (…중략…)

정치, 외교, 경제, 사회, 교육, 문화, 체육 등 모든 분야에서 세계화를 이루기 위한 것입니다. 그러기 위해서는 시야와 의식, 제도와 관행이 세계 수준으로 뛰어올라야 합니다. (…중략…)

세계화는 하루아침에 저절로 이루어지는 것이 아닙니다. 세계화는 우리 모두에게 피땀 어린 노력과 눈물겨운 인내, 그리고 진정한 용기를 요구합니다. 우리에게는 이 길만이 있을 뿐, 다른 선택은 없습니다. 이에 따라 저는 '세계화'를 올해의 국정 목표로 제시하고자 합니다.

– 김영삼 대통령, 〈1995년 연두 기자회견〉, 1995. 1. 6.

1986년에 초연된 발레 〈심청〉은 우리 사회가 추구해 온 국제화, 세계화 흐름과 함께 진화한 전형적인 작품이다. 작품은 아시안게임과 서울올림픽 예술축전에 참가한 후 사회문화에 불어온 세계화의 흐름에 동참했다. 1998년 한국 발레로선 최초의 미국 공연을 펼쳤고, 2000년대에 들어서는 작품을 더욱 보완하여 전 세계를 대상으로 방대한 순회공연을 하며 적극적으로 활동했다.

〈심청〉을 통해 이루어진 국제적 활동은 그 시기 면에서 대중문화가 촉발한 '한류'의 등장과 맞물린다. 한류의 성장에 국내외 관심이 고조됨에 따라 〈심청〉에는 어느새 '발레 한류의 선봉'이라는 수식어가 따라

붙었다. 한국 창작발레로 탄생한 〈심청〉은 시대를 넘어 "발레 한류를 꽃피우며 K-발레의 위상을 보여 준 작품"으로 그 정체성을 확립하게 된다.

동시대 한국의 발레

2000년대 이후 세계 시장을 겨냥한 '한국적 창작발레'는 양대 발레 단을 주축으로 지속된다.

국립발레단은 1988년 서울 올림픽 문화예술축전에서 선보인 임성남 안무의 〈왕자호동〉을 2009년 문병남이 새롭게 안무한 버전으로 무대에 다시 올렸다. 문화체육관광부 지원 국가브랜드화 사업의 일환으로 제 작된 〈왕자호동〉을 무대에 올리며 최태지 단장은 "세계 무대에 우리의 이야기로 만든 창작발레를 내놓는 작업은 한국 발레인들에게는 시대적 인 소명"이라 밝혔다. 또한 국립발레단 발레리나 출신 안무가 강효형은 조선 중기의 천재 여류 시인 허난설헌의 시를 형상화한 〈허난설헌−수 월경화〉(2017)와 대한제국 시대 여성 성장 서사를 담은 〈호이 랑〉(2019) 을 통해 한국의 이야기와 감성을 새롭게 그려 냈다.

발레는 전통적으로 남성 안무가와 여성 무용수의 조합이 주류를 이 루었다. 그러나 현재는 여성 안무가와 예술감독이 조금씩 늘어나면서 보수적인 성 역할 구분이 변화되고 있는 것이 세계적 추세이다. 같은

〈허난설헌〉(2017) ⓒ국립발레단

〈호이 랑〉(2019) ⓒ국립발레단

맥락으로 강효형의 작품은 여성 안무가가 매우 드문 한국 발레계에서 안무가의 영역을 확장하고, 한국적 소재의 해석 역시 여성의 시각에서 과감한 시도를 보여 준다는 점에서 동시대적 의미를 지닌다.

유니버설발레단은 〈심청〉에 이어 한국의 사랑 이야기를 다룬 〈춘향〉(2007), 〈코리아 이모션 情〉(2021)을 통해 창작발레 제작에 꾸준히 힘쓰고 있다. 특히 예술감독 유병헌 안무의 〈코리아 이모션 情〉은 한국적 색채와 선율이 담긴 국악 퓨전에 맞춰 아홉 개의 소품을 엮은 작품이다. 기존의 한국적 발레가 주로 전통 이야기를 소재로 삼았다면, 이 작품은 제목에서도 드러나듯 한국의 미와 감성을 추상적으로 풀어냈기에 '한국적 컨템포러리 발레'로 표현되기도 한다.

또한 수석 무용수 강미선은 이 작품 속 〈미리내길〉로 2023년 발레계 최고 권위의 '브누아 드 라 당스'에서 최고 여성무용수상을 받는 쾌거를 이루었다. 한국 무용수가 한국 안무가의 작품으로 이 상을 받은 건 처음이기에, 강미선의 수상은 한국 창작발레의 미래에 힘을 실어 준 기쁜 소식이었다.

〈코리아 이모션 情〉 중 〈강원 정선 아리랑〉 ⓒ유니버설발레단(사진_김경진)

〈코리아 이모션 情〉 중 〈동해 랩소디〉 ⓒ유니버설발레단(사진_김경진)

〈코리아 이모션 情〉 중 〈미리내길〉ⓒ유니버설발레단(사진_김경진)

다시 K-발레를 생각해 본다.

이제는 민족 발레, 한국적인 발레, 발레 한류보다는 K-발레라는 단어가 명료한 시대이다. 지금까지 '한국적인 발레'가 작품 성향을 지칭하던 것이라면, K-발레는 '한국'과 '발레'가 보다 폭넓게 결합한 하나의 '현상'이다. 지난 세기 동안 지속해 온 한국 발레의 세계화에 대한 염원은 21세기 K-발레로 고스란히 이어진다. 한국적인 창작 작품뿐만 아니라 한국 무용수 개인이 성취한 세계적인 위상, 그리고 세계 무대에서 선보이기에도 손색없는 실력을 갖춘 한국 발레단의 폭넓은 활약도 K-발레의 위상에 한몫했다. 그러나 세계화라는 맥락에서 K-발레는 동시대 문화정책에 영향을 받으며 여전히 서구에 가치 기준을 두고 가시적인 성과 위주의 업적으로 환산된다는 비판도 받는다.

서양의 고전 예술인 발레가 한국에 뿌리내리기까지 많은 예술인의 노력이 있었다. 한국의 고유한 전통과 정신을 서양의 발레에 접목하고자 하는 노력은 우리 힘으로 '우리 발레'를 창작하고자 한 열망 덕분이었다. 물론 그 과정이 모두 성공적일 수는 없었고 시행착오도 따랐다. 그러나 분명한 점은 오늘날 한국은 더 이상 발레의 불모지나 동양의 변방은 아니라는 것이다.

무용, 음악, 미술, 문학 등 기초 문화예술 전반이 K-컬처라는 프레임으로 나아가는 이 시대, 한국 발레는 계속 진화하는 중이다. 동시대적 콘텐츠를 개발하고 안무가 양성 프로젝트를 시행하면서 형식, 내용, 연출 면에서 많은 고민이 담긴 새로운 창작 작품들이 오늘도 계속해서 시도되고 있다.

서구의 전막 발레를 가져와 무대에 올리는 것이 소망이었던 과거가 있었다면, 이제는 한국 안무가가 〈해적〉, 〈돈키호테〉와 같은 클래식을 재해석하여 관객과 만나기도 한다. 대형 발레단뿐만 아니라 지역의 소규모 발레단, 독립 안무가들의 실험적 창작도 기억해야 할 것이다. '우리의 것'을 꿈꾸어 온 발레는 근현대사 속 척박함을 헤치고 시대의 흐름을 읽으며 그 너머 오늘의 예술과 늘 대화를 나누고 있다.

K-발레 시대에 상상해 본다. 동시대 한국 발레가 품은 우리 이야기들이 앞으로 더욱 꽃피우기를. 그리고 지역, 전공, 성별, 나이의 경계를 넘어 확장되는 발레 문화가 한국 사회 속에서 더 깊고 치열한 사유의 대상이 되기를.

참고한 자료들

김경희(2008). 〈국립발레단의 '한국적 발레' 작품들에 나타난 한국적 특성에 관한 연구〉.《대한무용학회 논문집》, 55, 1~26쪽.

김지연(2012). 〈1980년대 문화정책을 통해 본 한국발레의 양상〉.《한국체육학회지》, 51(4), 1~9쪽.

제임스전·양승하(2012). 〈한국적 발레 심청을 통해 본 1980년대 문화정책〉.《한국스포츠학회지》, 10(4), 281~291쪽.

Roh, Y(2007). *Choreographing Local and Global Discourses: Ballet, Women, National Identity*. Ph.D. Dissertation. University of California, Riverside.

Roh, Y(2024). The Semiotics of K—Ballet Discourse and Practice through R. Barthes' Mythologies. *Dance Research Journal of Korea*, 82(3), 27~46.

에필로그_ "나는 오늘도 발레를 합니다"

K-발레 시대, 취미 발레 수업에 문을 두드렸다.

몸이 굳고 감각이 무뎌지니 글에도 애정이 담기질 않았다. 매일매일 환하게 불을 밝히고 있는 동네 발레 스튜디오에는 취미로 발레를 배우는 사람들이 가득하다. 발레 전공자를 가르치는 일을 수십 년간 해 온 나지만, 가르치는 일은 종종 나의 몸을 잊게 했던 것 같다. 함께 배우는 발레가 그리웠고 내 몸에 집중하는 시간이 필요했다. 콩쿠르, 입시, 학업, 취업 등 현실적인 목표가 분명했던 나의 젊은 시절을 비추어 볼 때, 밤늦게까지 불이 꺼지지 않는 이 취미 발레에는 어떤 마음들과 에너지가 담겨 있는지 궁금하기도 했다.

취미 발레 수업엔 '즐거운' 발레가 있었다. 비지땀, 마른땀, 식은땀… 온갖 종류의 땀으로 범벅된 즐거움에서 용기와 애정, 그리고 자신의 몸을 새롭게 빚어 나가는 진지함이 보였다. 어려운 테크닉 연마보다는 곧은 자세, 대근육과 소근육, 균형감, 유연함에 집중하며 고강도 유산소 운동까지, 일반 성인에게도 정말 최적의 신체 활동일 수밖에 없다는 생각도 들었다. 게다가 피트니스에선 경험할 수 없는 예술적 감수성도 깨울 수 있으니, 그야말로 예술과 운동의 절묘한 조화가 아닐 수 없다.

그렇다고 늘 낭만적이거나 실용적이기야 하겠는가.

콩쿠르에선 취미의 발레가 전공 발레처럼 치열한 경쟁의 모습으로 비치기도 하고, SNS가 일상인 요즘에는 온라인 발레용품 시장 규모가 나날이 커지고 고가의 수입 상품이 넘쳐 나는 것도 또 하나의 문화이다. 때론 '적당히'가 잘 통하지 않는 것이 단점이기도 하다. 어느 무용역사학자는 발레리나를 일컬어 "소녀들의 꿈이자 페미니스트들의 악몽"이라고 했던가. 적당히 사랑하고, 적당히 내려놓고, 적당히 움직이는 법을 통찰하기까지, 그리고 무엇보다 내 몸을 진심으로 사랑하기까지는 긴 시간이 걸린다. 그것이 전공이든 취미든.

오늘도 발레를 배우며 예술을 경험하고 문화를 사유하는 날이 계속된다.